中東複合危機から第三次世界大戦へ

イスラームの悲劇

山内昌之

Yamauchi Masayuki

PHP新書

山内理恵に

諸君、われわれには父祖伝来の領土があり、南は暑熱のために、北は寒気のために人の住むこともできぬ辺りにまで及ぶ。

——アケメネス朝キュロス王子、クセノポン著『アナバシス』(松平千秋訳、岩波文庫)

神に関することでは、検証に基づいて伝承を受け取ることをせずに、誤りを性急に真理として受け取り、[伝統的に]信じられてきた真理を、ただの模倣によって放棄することで身を飾る人の地位より劣る地位があるだろうか。

——ガザーリー著『哲学者の自己矛盾』(中村廣治郎訳注、平凡社東洋文庫)

はじめに

二〇一六年に入ってすぐ中東で起きた一連の事件は、世界史の記憶に残るかもしれない。まず事変の連鎖は一月二日に始まった。サウディアラビア王国は、シーア派の指導者アーヤトッラー・ニムル・バクル・アル・ニムルを他の三人のシーア派教徒と一緒に処刑した。王室と体制の転覆を図ったからである。

するとイランの一部国民が激昂《げっこう》して、テヘランのサウディアラビア大使館とマシュハドの同国領事館を焼打ちにした。その結果、事態はサウディアラビアによるイランとの国交断絶表明までに至ったのである。

続いて、バハレーンとスーダンも断交に追随《ついずい》し、アラブ首長国連邦とカタルはイランから大使を召還する正月早々の慌《あわ》ただしさとなった。

通常、国交断絶は大使召還の手続きなどを経て実施される。今回は異例といってよく、次の手順は最後通牒《つうちょう》、ひいては戦争しか残らない。

しかし、サウディアラビアはイランと正面から戦争する意志を固めたわけでもない。メッカとメディナの両聖地へのシーア派教徒の巡礼を拒否しないと表明したからである。

私は、折から二〇一六年一月六日から十八日まで、アラブ首長国連邦、トルクメニスタン、イランに出張し、ペルシア湾岸地域の政治状況と市民の雰囲気をつぶさに観察する機会を得て帰国した。しかも、中東滞在中に世界各地でテロ事件が発生し、死者はイスタンブル旧市街で一〇人、ジャカルタ中心部で四人、ブルキナファッソの首都ワガドゥクで二九人も出たとの報道を日々聞くことになる。この悲報は切なく、犠牲者と家族の悲しみを思うと、「イスラームの悲劇」という言葉がすぐに脳裏に浮かんだ。

イスタンブルとジャカルタの事件には、シリアとイラクに蟠踞《ばんきょ》する「イスラーム国」（以下ISと略記）が関係しており、ワガドゥクのテロの下手人はアルカーイダに属すると取沙汰《とりざた》されている。

こうした動きが続く反面、私がドバイを出発する十七日の前日に対イラン制裁が解除され、日本はじめEUや北米の各国はイランとの商機を勝機にすべく一斉に動き出した。

平和なビジネスの活気と、テロや戦争の不安を内包する中東の危機とは、いかに関連するのであろうか。この答えはすぐに出せるほど簡単ではない。しかし本書は、ささやかながら、この疑問を解きほぐす手がかりとして、中東の危機とイスラームの悲劇の現代的特質を私なりに分析しようとした試みである。

パクス・トクガワナ（徳川の平和）以来、昭和十年代を例外として、一国平和主義に慣れてきた日本人のなかには、テロと戦火に見舞われた現代の中東を見るときに、かなり困惑し幻滅する人も多いだろう。しかし、四次にわたる中東戦争、イラン・イラク戦争、湾岸戦争とイラク戦争、それぞれ二度に及ぶレバノン戦争とガザ戦争、そして現在のシリア戦争など、戦禍と戦役を日常的に経験している中東、ことにアラブの市民の目から世の中を見ると、そこに浮かぶ像は日本人には信じられないものばかりだ。

中東では、「戦争こそ日常であり、平和は非日常」という権謀術策の渦巻く遺憾な現実が存在する。モダン（近代）やモダニズムが成立条件を失ったか、失ったと思われる時代を仮に「ポストモダン」と呼ぶとすれば、プレモダン（前近代）とモダンとポストモダン（近代以後）の異なる原理や成果が複雑にもつれ合っているのが、中東の現代政治なのだ。

しかも、一九八九年のマルタ会談（アメリカ・ブッシュ大統領とソビエト連邦のゴルバチョフ書記長の首脳会談）から一九九一年のソ連崩壊後に続いてきた「ポスト冷戦」は、二〇一四年にウクライナの領土だったクリミアをロシアが力で併合して以来、もはや過去のものとなった。ロシアはシリア戦争の本格的な当事者として戦場に関与するだけでなく、中東を中心にグローバルに姿を現した「第二次冷戦」の立役者としてソ連時代の権益と勢力圏の回復に躍起となっている。かくして中東では、米欧対ロシア・イランといった国家間の冷戦が先鋭化することとなった。

さらに加えて、ＩＳが、シリアからイラクにまたがる地域を支配しつつ、周辺国家以上に力をつけて国家主権に挑戦している。

二〇一五年十一月十三日夜、そのＩＳが、パリにおいて同時多発テロをおこない、フランス史上に類を見ない大虐殺を起こした。

歴史を後世から振り返るなら、この「金曜日の大虐殺」は、かつてカトリックがユグノー（新教徒）を大量粛清したサン・バルテルミの虐殺（一五七二年）や、フランス大革命の時期に国民衛兵隊が五万人の市民に発砲したシャン・ド・マルスの虐殺（一七九一年）と同じく、被害者の実数よりも事件の象徴的な意味において、歴史の転換を画する事件として追憶されるだろう。否、フランス史だけでなく世界史においても、新しい無秩序を生み出した日として思い起こされるかもしれない。

その象徴性にまず気づいたのは、ローマ法王フランシスコである。法王は、このテロ攻撃を「まとまりを欠く第三次世界大戦の一部である」と表現した。つまり、これまで見られた戦争とは異質であり、必ずしも組織化されていないとはいえ、本質的に世界大戦へ発展する広がりをもった歴史事象だと喝破《かっぱ》したのである。

あえて、私が法王フランシスコの真意を大胆に推し量るなら、第二次冷戦とポストモダン型戦争が結合する危険な時代が始まったと述べたかったのではないか。

これまで私たちが知っていた世界大戦とは、世界の強国や大国が同盟や連合を組みながら互いの陣営に分かれて、国家や体制がブロックを組んで領域的に対決する戦争にほかならない。この意味では、古典的にいえば、前五世紀のペルシア戦争やペロポネソス戦争は歴史に登場した最初の世界大戦なのである。

いま、われわれの眼前で進行しているのは、これらの古典的な大戦や、二十世紀における二つの世界大戦と異なる質の戦争だということだ。

二十一世紀に入って、これまで西欧が振りかざしてきた近代主義（モダニズム）的な概念や意味がどの地域でも成立する条件は、もはや失われつつあるように見える。自由や人権や民主化といった米欧の価値観が必ずしも中東やアジアで巧《うま》く機能していないのだ。

こうしたポストモダンの時代に、その挑戦者としていま名乗りを挙げているのがＩＳであり、それがシリアやイラクからフランスまでに広げた「戦争」は、多くの点でポストモダン型の戦争というべき異形のものになっている。

訓練された「部隊」にも擬《ぎ》された個人たちがコマンドーさながらに、パリ市内で普通の生活を送る市民たちを無差別に殺戮《さつりく》する手法は、国家対国家の戦争でもありえず、国家対テロリズムという犯罪の枠組みだけで処理されるものでもない。

さらに、ムスリム対非ムスリムの「十字軍戦争」「反十字軍戦争」といったプレモダンからモダンの感覚で通俗化される古典的な戦争でもありえない。この点は、犠牲者の中にイスラーム系の市民たちも含まれていたことからもわかるだろう。

もっといえば、シリアのＩＳが支配する地域で、彼らが主張する二〇一四年六月のカリフ国家樹立以降、翌年十一月までに、三五九一人が処刑され、うち一九四五人が女性や子供を含む民間人であったことが在英シリア人権監視団の調査で判明している。「十字軍」「反十字軍」といった表象やレッテルでは語りつくせない要素が含まれているのだ。

本書では、中東で進行する第二次冷戦とポストモダン型戦争が複雑に絡む事象を、「中東複合危機」と定義してみたい。そして、芳《かんば》しくない悲観的想定であるにせよ、シリア戦争や中東各地の内戦が結びついた中東複合危機が第三次世界大戦をもたらすのではないか、というシナリオも検討する必要がある。

しかも、スンナ派盟主のサウディアラビアとシーア派総本山のイランは、安全保障など国益の総体を含めて長いこと競合し、すでに「冷戦状態」にあったところに、二〇一六年一月の断交が起きたのである。それに引き続き、サウディアラビア空軍がイエメンのイラン大使館を空爆したとイラン政府は非難している。もし両国が正面から事を構えるなら、国家間衝突に留まらず、肥沃《ひよく》な三日月地帯と湾岸地域を舞台にしたスンナ派対シーア派の宗派戦争に発展するだろう。

この最悪のシナリオが実現すれば、中東複合危機は第三次世界大戦への扉を開くことになる。こうなれば米欧やロシアや中国も巻き込まれ、ホルムズ海峡は封鎖されるか、自由航行が大きく制限される。日本はもとより、世界中のエネルギー供給や金融株式市場や景気動向を直撃するショックが到来するのだ。

もっともイランは、二〇一六年一月下旬のイスラーム協力機構緊急外相会議やダボス会議でサウディアラビアに緊張緩和を呼びかけ、ハーメネイー最高指導者も大使館焼き討ちを「悪行」だったと率直に非難声明を出している。イランとしては、制裁解除による国際社会復帰を優先したいのだろう。

　両国の対立から利益を得るのはＩＳである。ＩＳと対決する国際的取り組みが弱まるからだ。スンナ派対シーア派の宗派的力関係が敵対的に変化するだけで、サウディアラビアやカタルやトルコなどＩＳに共感しがちな一部世論をもつ国では、反シーア派と反イランの国民感情が強まり、中東情勢と国際政治の枠組みも大きく変動するだろう。

　専門家や学者の中には、冷戦の学術的定義や第一次冷戦の歴史的経験にこだわるあまり、ロシアのプーチン大統領がポスト冷戦に終止符を打って「新たな冷戦」を大胆に決意した政治のリアリティを無視する人も少なくない。だが、二〇〇八年のグルジア戦争や二〇一四年のクリミア併合とウクライナとの衝突は、まさに彼の決意の表れであった。そしてさらにシリア戦争への参戦は、第二次冷戦に関与して失地を回復するプーチンの意志が不退転であることをまざまざと見せつけた。

　サイバー空間や宇宙空間という新しい戦場や戦域を念頭に入れれば、すでに第三次世界大戦は始まっているという考えも、むげに斥《しりぞ》けることはできないのである。

中東複合危機から第三次世界大戦へ

目次

第二章　パリの大虐殺と「新しい東方問題」——戦争と市場の間

第三章　地政学とムハンマドのリアリティ——大文字と小文字のイスラーム

第四章　スンナ派とシーア派——分裂から抗争へ

第五章 慈悲深き宗教者、前向きの政治家――政事と軍事のバランス感覚

第六章　「イスラーム国」とは何か――シリア戦争と難民問題の深淵

序章　イランとサウディアラビアとの対決

――宗派戦争の恐怖

世界を震撼させた国交断絶宣言

二〇一六年も明けてすぐ一月三日、サウディアラビアがイランとの国交断絶に踏み切ったことは、国際政治とマーケットを震撼《しんかん》させた。

この国交断絶の直接のきっかけは、イランの「暴徒」がテヘランとマシュハドのサウディアラビア大使館と総領事館を焼き討ちにしたことにある。そもそもイラン人が激昂したのは、サウディアラビアが政府と王室の転覆活動に関わったとして処刑した四七名のなかに、著名なイスラーム教シーア派指導者アーヤトッラー・ニムル・バクル・アル・ニムルが含まれていたからだ。

ニムルはサウディアラビアに生まれ、イランで宗教教育を受けた後、祖国に戻って王室を批判する言動を繰り返し、幾度も投獄された過去をもっている。二〇一一年に始まった「アラブの春」を契機に、シーア派の大衆的抗議を煽動した罪で逮捕され、死刑判決を受けていた。そのニムルが処刑されたとの報を受けて、シーア派国家イランの一部国民が狂乱し、一月二日の夜、郡衆がサウディアラビアの公館を襲撃したわけである。

国際法によれば大使館の襲撃は、十分に開戦事由（Casus Belli）たりうるほどの犯罪であ

2016年1月2日、サウディアラビアによるシーア派指導者処刑に抗議し、同国大使館を焼討ちするイラン・テヘランの群衆(写真:EPA＝時事)

る。ペルシア湾を挟んで長年対峙し、中東各地の紛争でも競合関係にあった二大国の緊張が高まったことに、日本を含めて世界の主要国は一斉に憂慮を深めたのである。

私はたまたま、両国が一触即発の情勢に入った直後、一月六日からほぼ二週間、イランやアラブ首長国連邦などを歴訪した。現地の緊張感は、日本での想像をはるかに上回るものであった。イラン人は概して平静であろうとしていたが、エスファハーンの通りではサウディアラビア人とおぼしき人物がイランの市民に囲まれ論争を挑まれていたのが印象的であった。また、大使を召還したアラブ首長国連邦のドバイに戻るために、イランのシーラーズ空港で荷物検査を受けたときのことだ。革命防衛隊の将校にいつになく厳しい質問を受けた上に、機器の類はすべて実際に使用させられ、細かい説明を求められた。

シリアやイエメンの武装闘争を担う革命防衛隊に属する将兵が目の前にいるというだけでも、中東複合危機の現実性が突き付けられるのだった。

そもそも、サウディアラビアはイスラーム教スンナ派から派生したワッハーブ派を国教とする国家であり、一方のイランはイスラーム教シーア派を奉じる国家である。その両者の宗派対立は、中東地域の輻輳《ふくそう》した政治状況の混迷や利害の絡まりと相まって、中東の危機を複合的かつ深刻なものとする大きな要因となってきた。

中東の複雑な状況、およびイスラーム教スンナ派とシーア派の対立などは、歴史学や地政学も踏まえて、本書でも順次見ていくこととし、序章ではまずサウディアラビアとイランとの対立の背景とその展望について読み解いていきたい。

ワッハーブ派を国教とするサウディアラビアは、ナジュド地方（アラビア半島の中心部）のリヤードに近いダルウィーヤを首邑《しゅゆう》とする豪族ムハンマド・ビン・サウードと法学者ムハンマド・ビン・アブドゥウルワッハーブが、十八世紀に同盟を組んだことに由来する。

ワッハーブ派は、十八世紀のアラビア半島で従来のスンナ派法学解釈や神秘主義（スーフイズム）をすべて否定し、後世に現れた「新奇な慣行」を「ビドア」として排斥《はいせき》した点でスンナ派の厳格化を求めた。そのようなワッハーブ派が、そもそもスンナ派と対立してきたシーア派と、本来的に相容れるはずもない。イランのシーア派とは、対決する宿命にあった。

ワッハーブ派は、現在のイスラーム武装闘争主義ともいうべき「イスラーム国」（ＩＳ）やヌスラ戦線（二〇一一年に「イラクのアルカーイダ」の支援によりシリアで結成されたスンナ派過激組織）、その前のエジプトやシリアのムスリム同胞団が本源的に刺激を受けた、イスラーム原理主義の古典的潮流なのである。それは、サラフ（先人）への原点回帰や伝統純化を強調するサラフィー主義から出たものだ。

もちろん、本来の復古的な禁欲主義は、現在のサウディアラビアの一部王族やエリートの消費的な享楽《きょうらく》主義や対米同盟路線には少しも痕跡《こんせき》を留めず、部族民や市民に対する手足切断や石打ちの刑など厳格なイスラーム法の執行だけに継承されている。いわば、サウディアラビアの政治体制は二重基準から成り立っており、この点こそホメイニー以降のシーア派イランから現代に至るまで揺さぶりをかけられる根拠にもなった。

ワッハーブ派は十九世紀初頭に、シーア派の多いイラクのカルバラーを攻略したこともある。しかし、一九六〇年代と七〇年代には、エジプトのナーセル大統領や、イラクとシリアのバース党に見られる汎《はん》アラブ主義と大アラブ・ナショナリズムに対抗して、パフラヴィー朝のイランとワッハーブ派を信奉するサウディアラビア王国は、同盟と協力関係を組んでいた。

実際にニクソン・ドクトリンは両国を、湾岸安全保障を守る二つの柱として重視したものだ。その盾《たて》となったのがバハレーンに司令部を置く第五艦隊にほかならない。

すべてを変えたのは、一九七九年のイラン・イスラーム革命である。

モハンマド・レザー・パフラヴィーを倒したホメイニーは、米欧の支えるアラブのスンナ派君主国に住むシーア派教徒を救うという名分のもとに、国際イスラーム（シーア派）革命の輸出を企《くわだ》てた。

サウディアラビアはこれにすぐ対抗して、一九八一年にクウェート、バハレーン、カタル、アラブ首長国連邦（ＵＡＥ）、オマーンを糾合《きゅうごう》して湾岸協力会議（ＧＣＣ）を結成したのである。

以後、両国は互いの体制の存続をかけて対峙する関係となっていく。

イラン制裁の解除と核協定がもたらすもの

そのサウディアラビアが二〇一六年一月二日、シーア派指導者のニムル・アル・ニムルと他の三人のシーア派教徒を処刑したことは、イランはもとよりシーア派世界の人びとにとって簡単に忘れられる事件ではない。サウディアラビアが四三人のスンナ派の「テロリスト」を一緒に処刑し、テロとの戦いの大義を正面から出して衝撃を減殺しようとしても、イランをすぐに宥和《ゆうわ》できなかった。

サウディアラビアが思い切った挙に出たのは、イランの核開発減速を図るウィーン最終合意に見られるイラン外交成功への焦りからである。

二〇一五年七月の核合意は、正式には包括的共同行動計画(Joint Comprehensive Plan of Action JCPOA)と呼ばれる。これは、サウディアラビアはじめスンナ派アラブ諸国によるアサド政権打倒を図る対シリア戦略の挫折や、サウディアラビアの対米外交の冷却化と対照をなしていた。核合意の将来は必ずしも楽観視できなかったが、イラン外相ジャヴァド・ザリーフが次のように述べた点だけは確かである。

「それは誰をも満足させなかったが、誰にも重要なことだった」
(It wasn't perfect for anyone but important for everyone)

果たして、二〇一六年一月十六日に米欧によるイランへの経済制裁は解除された。

核合意と制裁解除を機にアメリカとイランとの間にデタント（緊張緩和）が進めば、アメリカは、冷戦期のようにイスラエルとサウディアラビアを同盟国として絶対視する旧思考から脱け出し、中東和平への気運が強まる可能性も排除できない。オバマによるキューバ、ミャンマー、イランという「敵性国家」との関係再構築は、地政学から見ても大きなパワーバランスの変化をもたらすからだ。

オバマ外交は中東においても失敗だけが取り沙汰《ざた》されがちだが、核合意と制裁解除は新思考の成果だという考えも、むげに斥《しりぞ》けるわけにはいかない。

しかし、この二〇一五年七月に結ばれた核合意は、イランの核開発意欲を断念させていないという疑念がすぐに起こった。これはイスラエルだけでなく、サウディアラビアも共有した猜疑心《さいぎしん》にほかならない。

なぜなら合意は、イランの核開発計画の減速（遠心分離機一万九〇〇〇基のうち三分の二の撤去、保有濃縮ウランの九八パーセント削減、核に関する高度研究の一〇～一五年間制限）によって、イランが核兵器を生産できる時間の可能性を二カ月あるいは三カ月から一年まで引き延ばしたにすぎないからだ。

この成果は、イランのおよそ三〇年に及ぶ核開発実績から見ればささやかなものだ。しかも一〇年後の二〇二六年から新型の遠心分離器の開発は自由になり、一五年の履行《りこう》期間が終われば平和利用の名目でウラン濃縮や再処理の核技術を生かして理論的には核兵器製造が可能になるのだ。

いずれにせよ、イランで目立つのは、ザリーフ外相の外交手腕もさることながら、制裁に堪《た》えながら冷静に歴史を生きる国民の粘り強さであり、孤立を恐れずに国益を守るエリートの強い意志力の持続性である。

イランの約束履行がスムーズに進めば、最低一〇〇〇億ドル（約一二兆円）と目されるイランの海外資産の凍結が解除されることになる。この巨額の資産が、航空機などの輸入や各種の投資の原資となり、イラン経済が上向くことが期待される。そして制裁解除後のイランは、輸出量を日量五〇万バレル増やすと公言し、原油安によってサウディアラビアの弱体化を図る戦略に打って出ようとしている。

サウディアラビアも増産で応じながら石油輸出国機構（ＯＰＥＣ）の主導権を確保するために、イランとの間に宗派対立や政治危機に加えて、安い油価を痩我慢する「消耗戦争」を当面始めたのである。

とはいえ、イランの文明論と歴史観に裏打ちされた戦略に、いつも一籌《いっちゅう》を輸《ゆ》するのはサウディアラビアの方である。

サウディアラビアの核開発、MbS対MbN

イランとの国交断絶宣言をするまで、ウィーン核合意に対応したサウディアラビアの多角的外交はそれなりに目立つものもあった。二〇一五年六月のサウディアラビア副皇太子の国防相ムハンマド・ビン・サルマーンのロシア訪問は象徴的である。

副皇太子のロシア訪問は、EUとアメリカがロシアを経済ボイコットし、ウクライナ問題でモスクワを制裁している時期と重なっていた。このときサウディアラビアは、ロシアに一六基の原子炉建設を認め、運用監督でも「最大の役割」を与えることを約束したが、これは「米欧の敵ロシアは味方」ともなりかねない構図なのだ。

そのうえサウディアラビア文科省は、遠慮会釈なく、核エネルギー専攻の学生一〇〇〇人に新たな奨学金の供与を決めた。核クラブ加入を目指すサウディアラビアの意志が明確になったと考えるのが自然だろう。

イランとの断交後、二〇一六年一月にサウディアラビアのジュバイル外相は、イランが核を保有する場合、サウディアラビアも核取得を排除しないと公言した。これは、かつて総合諜報庁長官だったトゥルキー・アル・ファイサル王子が核開発の意志を示唆した延長にあるものだ。そして、ジュバイル外相の発言直後に、中国の習近平国家主席がサルマーン国王と原子炉建設について協力する合意文書を交わしたのは、決して偶然ではないだろう。

ちなみに、こうした経過を見ると、ムハンマド副皇太子の活躍が目立つ。明らかにサルマーン国王による息子への王位継承を策した動きとしても注目されるのだ。

ワシントン情報では、サルマーン国王が王位を数週間以内にMbSに譲るという情報さえ出されたものだ。これまでのように王位が水平に移動するよりも、垂直に移動する方が王室も安定するという見方をサルマーンが披瀝《ひれき》したらしい。これは、MbNの処遇については触れていない。

ちなみに、MbSはムハンマド・ビン・サルマーン副皇太子であり、MbNとは皇太子で内務大臣を兼ねているムハンマド・ビン・ナーイフである。この略称は湾岸や米欧の関係者間ではしばしば用いられている。なお、MbNはサルマーン国王の甥にあたる。

私が二〇一六年一月の国交断絶後にドバイを訪れた折、シーア派指導者ニムルの処刑を決断したのは内務大臣の権限を行使したＭｂＮであり、イランの反発を見切って実行したのは、外交から国防まで大きな権限を振るうＭｂＳを苦境に追い込むためだという風聞がまことしやかに囁《ささや》かれていた。

真偽を知る術《すべ》はないが、ニムル処刑でイランの暴行を挑発し、制裁解除を遅らせようと図ったのは動機の一端であろう。また、ジュネーヴのシリア和平関係国会議からイランを無理なく排除する理屈を作りたかった点も否定できない。

これらの点ではＭｂＳとＭｂＮとの間に懸隔《けんかく》があるはずもなく、二人は権力闘争に王室や国家の安危を絡ませるほど無思慮でないと見るべきだ。むしろ、三〇代のＭｂＳこそイエメンへの干渉戦争に熱心であり、アラビア半島からイランの野心を払拭しようとする急先鋒なのだ。彼によれば、ニムルの処刑は内政問題であり、サウディアラビアの主導するイエメン作戦は国の安全保障から見て十分に正当化されるからだ。それにしても、経験豊かなイランの政治家の老獪《ろうかい》さと比べると、サウディアラビアの王子たちは怒りのままに短慮を起こしたといえないだろうか。

レンティア国家の変容が不満を噴出させる

サウディアラビアが一九七九年のイラン・イスラーム革命の脅威に対抗して、クウェート、バハレーン、カタル、アラブ首長国連邦、オマーンを糾合してGCCを結成したことは先述の通りである。

このGCC諸国に共通するのは、〝レンティア国家〟として国民の歓心を得ることで、統治の正統性を得ていた点である。レンティア国家とは、石油天然ガスはじめ地下資源など非稼得性の収入を国家に入れて得られた利益を国民に再配分し、教育や医療など福利厚生や日常生活を依存させる国のことだ。

ところが、二〇一五年から二〇一六年にかけて一バレルあたり三〇ドルを切った原油価格の下落や、企業発展・雇用の限界もあって、MbSことムハンマド副皇太子は、ゆりかごから墓場までの生涯生活保障モデルを見直し、赤字財政を組まざるをえないサウディアラビアでは、もはやレンティア国家を忠実に継続できないと悟っている。

サウディアラビアは二〇一五年十二月に、二〇一六年予算を発表した。歳入が五一三八億リヤルとなり、二〇一五年実績見込み比で一五パーセントも減少し、歳出は八四〇〇億リヤルで同じく一四パーセント減となる。歳出から歳入を引いた財政赤字が三二六二億リヤル（約一〇兆五〇〇〇億円）となるわけだ。

原油価格の下落が財政を直撃しており、補助金の見直しや付加価値税など新税の導入も検討されている。

こうなると、レンティア国家としてのサウディアラビアの国制そのものが危うくなるのだ。しかもサウディアラビアは、二一〇〇万の人口のうち七〇パーセントが三〇歳以下の人口バルジ（厚み）をもっている。近い将来に大量の不完全雇用を生み出し、彼らがISやアルカーイダに魅せられないように、不満を吸収する国策が焦眉《しょうび》の急となる。そのうえ、八〇〇万という外国人のバルジが重労働を担っている点も、国内の秩序安定の不安材料である。

これに加えて、人口の一〇パーセントから一五パーセントを占める湾岸沿いの東部領土にはシーア派の国民が住んでおり、バハレーンやクウェートにも多いシーア派住民とともに、イランがアラビア半島に打ち込む楔《くさび》の役割を果たしている。ムハンマド副皇太子の直面する中東複合危機は、ISやアルカーイダに共感する若者の急進化への傾斜から生じるだけではない。石油価格の低迷や赤字予算、シーア派など宗派対立の不安定要因も危機の複合性を構成している。

王族の不道徳と不品行という危機要因

一部の王室と王子に見られるワッハーブ派ならざる海外での飲酒や性的放埒《ほうらつ》などの不道徳や不品行は、ノーブレス・オブリージュ（身分の高い王族や貴族などエリートはそれに応じて果たすべき社会的責任と義務があるという観念）に、ほど遠いものである。

王子だけで一〇〇〇人以上、王族なら少なくとも五〇〇〇人はいるらしいサウディアラビアでは、全体にノーブレス・オブリージュは当てはまらないようだ。ビジネスでの口利きによる特権濫用《らんよう》や腐敗汚職はともかく、二〇一五年だけでも麻薬密輸容疑をかけられベイルート空港で逮捕された王子や、ロサンジェルスのビバリーヒルズで女性への性的暴行容疑で逮捕された王子など、醜聞《しゅうぶん》が多すぎるのだ。このあたりも、国際イスラーム（シーア派）革命を輸出しようとするイランに乗じられる所以《ゆえん》なのである。

過去の日本のように、皇族が法親王や入道親王として僧籍に入るか、爵位叙爵による高級貴族に転籍させるという知恵でもなければ、王族がネズミ算的に増えるのは当然である。日本では清和源氏や桓武平氏のように臣籍降下して武士になるノーブレス・オブリージュの在り方も存在した。一方、サウディアラビアのように無為徒食《むいとしょく》の王子を無限に扶養するのでは、いくらレンティア国家でも国庫事情がもはや許さない。

同盟国アメリカの、敵性国イランへの傾斜といった国際要因も含めて、サウディアラビアの政治環境はますます複雑に変化している。こうしてみれば、ＭｂＳであれＭｂＮであれ、サウディアラビアの理性的な支配エリートは、いま直接にイランと干戈《かんか》を交えるのが得策でないと考えるはずだ。

しかし、スンナ派とシーア派の中東地政学や宗派対立の歴史性には、米欧やロシアの国際政治観にはない独特なものが多い。

シリアではシーア派イランが戦争の当事者であり、レバノンもイラクもシーア派が権力を握り、湾岸にもシーア派住民が多い。ペルシア湾から地中海まで、普通の地図には決して描かれないシーア派イランの勢力圏が広がっているのだ。ムハンマド副皇太子は、オバマ政権が中東で戦略的に重要な国としてイランを事実上認知した以上、地域安全保障と国内シーア派の反乱阻止を自力で図らざるをえない。

重要なのは、サウディアラビアのイランに対する独特な優劣のコンプレックスを見極めることだ。

スンナ派の盟主を自認するサウディアラビア人にシーア派に対する優越感があることは

間違いない。その反面でサウディアラビア人は、歴史と伝統に支えられた文明大国イランと、その洗練された国民イラン人に、深層心理を含めて劣等感をもっている。双方の関係は、逆説と複雑なねじれに彩られている。

文明国家イランの「分裂症」

一方、イランの複雑さは、それ自身のうちにある。それは、ホメイニーの衣鉢《いはつ》を継いで国際イスラーム（シーア派）革命の拡大に忠実な流れと、一国イスラーム（シーア派）主義に満足してイラン国民国家を世界市場と国際社会に戻そうとする流れとの対立とも形容できよう。これをイランの「スキゾフレニア（分裂症的言動）」と言い表す専門家もいる。

イランは、一九七九年十一月四日にテヘランのアメリカ大使館を占拠して四四四日間も人質を拘禁《こうきん》し、外交官保護のためのウィーン条約に違反しただけではない。カーター大統領に屈辱を与えて以来、三〇年ほどは、ムスリム国家を含めて一七の国家と関係を断絶していた。そこには、エジプト、リビア、チュニジア、モロッコ、ナイジェリアも含まれていた。

現在の革命防衛隊（パスダラン）や民兵部隊（バスィージ）につながる若者たちは、ドイツ、フランス、イタリア、韓国の大使館を襲撃占拠し、フランス大使ギ・ジョルジイは長いこと拘禁されていた。わずかな例外の一つは日本であった。

二〇一六年一月にイランに出張し、ホテルや飛行機内で目を通したイランの新聞や雑誌は、処刑と焼打ちと断交の連鎖への責任をサウディアラビアに帰する点で一致していた。しかし、事件の叙述や評価がまちまちなのは、いかにも〝仕切られた民主主義国家〟として二つの流れが存在するイランらしいところだ。

イラン国内の動静を分析するならば、次のようになるだろう。

最高指導者ハーメネイーの見解を代弁する『カイハーン』や、革命防衛隊の押えるファルス通信社は、サウディアラビアの断交について、サウディアラビアに対する最後の抑制をかなぐり捨てて思い通りにする好機到来とばかりに歓迎していた。

他方、政府紙の『イーラーン』や『シャルク』は、穏健派の元大統領ラフサンジャーニーに近く、外交関係の緊張を残念がるだけでなく、テヘランの大使館やマシュハドの領事館を襲った「暴徒」を厳しく批判した。

ザリーフ外相は後者の立場に近いのだろうが、イランを中東の「主要トラブルメイカー」とするサウディアラビアはじめアラブ連盟の言説を決して認めない。それどころかザリーフ外相は、『ニューヨーク・タイムズ』二〇一六年一月十日号に載せた論説で、スンナ派国家サウディアラビアこそ、アラブ諸国でシーア派との宗派衝突を焚《た》き付けていると批判した。

ハサン・ロウハーニー大統領の意志はあまり明白ではないにせよ、シーア派の上級宗教者（アーヤトッラー）と軍の統帥部などは、イランとの関係を断絶したかレベルを下げたサウディアラビアをはじめとする国々に、厳しい批判を浴びせた。

前述のように、国際法では大使館襲撃と占拠は、十分に開戦事由たりうる。革命前のイラン刑法では、外国公館への不法侵入は三年、人質誘拐は一五年の刑になっていた。

しかし、「分裂症」から脱していないイラン・イスラーム共和国では、大使館焼打ちなどの外交領域での不法行為は、一部で名誉や賛辞をもって迎えられる。米欧では穏健派で知られウィーン核合意を妥結させたロウハーニーも、ホッジャトルエスラームという三番目の位階をもつシーア派ウラマーであり、その政府にはかつての米大使館人質事件に関与した者が含まれている。国防相、首席政治顧問、環境問題特別補佐官などがそうである。国会議員選挙はじめ各種選挙では、今でも経歴に大使館占拠の当事者だったことを記入する候補者も少なくない。

イスラーム革命はすべての法を超越するのか

ホメイニー時代のアメリカ大使館人質事件からサウディアラビア大使館焼打ちに至るまで共通しているのは、「法の支配」に関する無知か、知っていても無視するか、のいずれかである。このイラン人たちは期せずして、レーニンが『国家と革命』で述べたように、「革命はそれ自体の法をつくる」という考えを実践しているともいえよう。

しかもイラン人の急進派は、レーニンや初代の外相（外務人民委員）トロツキーよりも徹底しているフシもある。第一次世界大戦末期の一九一八年、ブレスト＝リトーフスク条約でドイツと国交を正常化した後、連立政府を構成した左翼エスエル党員がドイツ帝国大使のミルバッハ伯爵を暗殺したとき、レーニンは間髪を入れずドイツに謝罪し、左翼エスエルの解体に乗り出したものだ。

イランに似ているとすれば、むしろ文化大革命期の中国であろう。外国から大使を召還し正常な外交機能を停止させただけでなく、紅衛兵は外国の公館に乱暴狼藉《ろうぜき》を働いて止《や》まなかった。

イランでは、すこぶる成熟した文明国家の伝統と、ホメイニーの煽《あお》った情念をくすぶらせ

エスファハーンのイラン料理店にて、放課後に店で手伝う少年と（2016年1月14日）

る革命の熾火《おきび》がいまだに併存しているようだ。

二〇一一年にテヘランのイギリス大使館が「暴徒」に襲撃され書類などが略奪されたとき、当時のイラン外相アリー・アクバル・サーレヒーは、イギリスの外相ウィリアム・ヘイグに電話で謝罪するとともに、こう述べたと伝えられる。

「私はこの人物らが誰なのかを知らない。また、誰が大使館を略奪するために彼らを送ったのかも知らないのだ」

サーレヒーは彼らを知らなかったかもしれない。しかし、誰が送ったかくらいは想像できただろう。

確実なのは、革命から四〇年後に、テヘランやマシュハドのサウディアラビア公館が焼打ちに遭っても、誰も罪を問われず、罰も下されないという事実なのだ。その後、多少の下手人らが逮捕されたようだが。私の市民感覚では、イランは歴史と文明を誇る堂々たる国ではあるが、社会科学者として見るなら、革命まで『カイハーン』紙の編集主幹を務めたアミール・ターヘリーの疑問にも多少は共感せざるをえない。「イランは国内法や国際法を忠実に守る国民国家なのか。それとも、すべての法を超越する革命なのか」と。

イランの政府機構の内部にさえ、「分裂症」めいた二つの潮流がある。確かなのは、選挙が近づくと、どこかの外国と事を公然と構えるか、米欧人を捕虜や人質にとって危機を煽り立てながら自己主張する流れが、ウィーン核合意や経済制裁解除の後でさえ絶えないことだ。

また、理性的と目されるザリーフ外相さえ、ペルシア湾に浮かぶ三つの島嶼《とうしよ》を占領してアラブ首長国連邦との間に係争を抱えている事実を認めようとせず、国際司法裁判所での解決に委ねようともしない。

しかし、核協定に調印し制裁が解除された後は、こうはいかない。「分裂症」を克服して、中東各地で起こしている国際イスラーム革命につながる武装闘争への支援や他国への軍事干渉を止めない限り、イランは国際的に信頼される地域大国にはなれない。

イランの政治威信や外交力は、中東の混乱やアナーキーに乗じて得られた革命的な成果であり、秩序と調和の中で培った平和の果実というわけではない。経済制裁解除は核開発や国際イスラーム革命の最終的断念を意味しないことを冷静に見ておく必要があろう。イランは依然として次章で本格的に説明される中東複合危機の重要なファクターなのである。

激化する宗派戦争の恐怖

そのうえ、イランとサウディアラビアとの対決の中心軸にあるシーア派対スンナ派という宗派対立は、両国の関係に限らず、中東複合危機をますます深める要因である。

すでに、イラクとシリアの分裂に関連するシーア派対スンナ派の対立激化は、ISなるスンナ派の鬼子を産んでしまった。宗教イデオロギーに基づく政治対決と武力衝突の構図は、シリアのアサド政権やレバノンのヒズブッラ（神の党）の同盟者たるイランと、ISあるいはその背後に絡むサウディアラビアとの対決で明確になったといえよう。

一九八〇年のイラン=イラク戦争で始まったシーア派対スンナ派の紛争は、次々と新たな衝突ひいては戦争に発展し、宗派と政治の絡んだ文明内対立はこれから深化することはあっても、薄まることはない。政治化したセクタリアン・クレンジング（宗派浄化）の恐怖は、いまや中東の広い範囲に及んでいる。

言い換えれば、「宗派戦争」とその脅威は、もはやシリア戦争やイエメン内戦やバハレーン紛争を超えてしまった。二〇一六年のイランとサウディアラビアの危機は、現代中東のいちばん深い「宗派的断層線」(sectarian fault lines)がどこに横たわっているかをまざまざと見せつけたのである。

サウディアラビアのサルマーン国王や皇太子たちは、国の財政基盤や対米同盟に依存してきた存在感がますます弱くなるのを知っている。順番から言えばイランにもかなりの責任のある宗派対決を有利に進めるために、新たに同盟国や支援者をつくろうと試みている。

偶然とは思えないのは、対露関係の緊張で孤立感を深めたトルコのエルドアン大統領が、サウディアラビアのサルマーン国王を訪れ、戦略的パートナーシップについて二〇一五年十二月末に合意したことだ。シーア派指導者ニムル・アル・ニムルの処刑は、その直後におこなわれたのである。

宗派主義が表に出ると、怒りや怨恨《えんこん》を一般の国民や信徒の間に広げかねない危険が増える。国家は宗派紛争からいっそうの果実を得て、権力の拡大に利用しようと競合し合う。ニムルの処刑から公館焼打ち、さらに国交断絶や大使召還という流れは、その表面の動きにすぎない。

サウディアラビアの前国王アブドゥッラーは、国内にくすぶるスンナ派住民の不満やシーア派住民の反抗心をパンドラの箱に封じ込めるために力を尽くしてきた。しかし、サルマーン新国王は、ニムルの処刑でパンドラの箱をいともたやすく世界に開いてしまった。これから起こる両宗派、アラブとイランの両国民の一般レベルでの怨恨や憎悪を制御するのは、必ずしも容易でないだろう。

その間に、バハレーン、イエメン、シリア、イラク、レバノンにおけるシーア派運動のリーダーシップは、ますます強くなるに違いない。

それがホメイニー主義に忠実な独立分子なのか、イラン政府の統御の効く理性的な集団なのかは、「分裂症」のイランを念頭に置けば、さしあたり問題ではない。革命防衛隊のようにイランの政治機構の一部として、イランの国益を絶えず意識できる革命分子は、イランの「分裂症」を自覚しているからだ。

彼らは、ハーメネイー最高指導者の意に正面から逆らわず、ロウハーニー大統領には面従腹背を保ちながら、核合意や制裁解除をイランの国益とシーア派優位の中東新秩序の形成に利用しようとしている。「分裂症」を克服するわけでもなく、その二つの流れが全体として

「分裂症」を巧みに利用しているあたりに、イランの端倪《たんげい》すべからざる個性があるのだ。

そして、サウディアラビアが切った国交断絶カードにも臆することなく、彼らを「パニック状態」に陥ったと軽くいなし、イランとの協力こそサウディアラビアの「良い将来」だと断交から一カ月も経たないうちに関係正常化を提案するかの老獪《ろうかい》さには、驚くばかりである。

他方、サウディアラビアにとって、いちばん本質的な問題は別の点にある。それは、仮に宗派戦争が本格化しても、サウディアラビアはその指揮権を畢竟《ひっきょう》とれないということなのだ。国内のスンナ派住民の生活苦、不平不満に溢れた王族王子の出現は、ISにとって良い材料であり、サウディアラビア指導部とISとの間に、スンナ派内部の苛烈《かれつ》な宗派主導権をめぐる争いが始まるのである。

イランとサウディアラビアとの対立は、後者とISとの矛盾も絡めば、中東複合危機の新たな要因となるだろう。

原油市場や安全保障を顧みずに二つの地域大国が正面から国家として衝突することは考えにくい。しかし、代理戦争やダミーで処理できると信じてきたシリア戦争が袋小路《キュドサック》に陥れば、中東ではますます宗派的暴力が蔓延《まんえん》するであろう。その衝突がもたらす破壊の衝撃は計り知れない。

第一章　ポストモダン型戦争と中東複合危機

――国家・内戦・難民

二つの冷戦の違い

「ひどく興奮した二人の男でも、差向かいになると、自分の棍棒《こんぼう》を相手の目から隠すものだ」

トルコの古い諺《ことわざ》は、二人のカリスマに対する国際世論の期待を暗喩《あんゆ》するかのようだ。トルコとロシアとの関係は、二〇一五年十一月のトルコ軍によるロシア機撃墜事件でにわかに緊張している。しかし、ロシアのプーチン大統領にはロマノフ朝帝国とソ連の伝統を継承するユーラシアの統治者たる誇りがあり、トルコのエルドアン大統領には三大陸を支配したオスマン帝国のシリア経営への自負が消えていない。露土関係の前途は楽観できない。

ロシアによる二〇〇八年のグルジア戦争に始まり、二〇一四年のクリミア併合で深まった緊張に満ちた歴史的局面は、シリア戦争でますます深まっている。

この第二次冷戦ともいうべき事態を明白にしたのは、東中欧から中東にいたるユーラシア西部におけるアメリカの戦略的掌握力が低下し、EU統合の限界も露呈したからである。そこに政治の真空と力の不均衡が生まれるなら、空白を埋める作用が必ず起こる。

しかも、アラブの自己統治力の欠如は、中東におけるISの台頭を招き、シリアとイラク

シリア内戦で破壊された町並み。2011年の騒乱勃発以来、2015年末までに死者は25万人を超えたといわれる（写真：ロイター／アフロ）

という地図上には存在する国の枠組みを、現実には消してしまった。

第一次冷戦は、自由主義対共産主義、資本主義対社会主義といったイデオロギーの差異を基本にする国家のブロック対立を特徴にしていた。しかし現代の冷戦は、資本主義と市場の原理を受け入れながら共産党が一党独裁によって東・南シナ海の自由水域を排他的に領有しようとする中国から、イスラームのシーア派国家でありながら法学者と呼ばれる宗教指導者が革命戦争をも指導するイランに至るまで、かつてのソビエト・ブロックのような陣営を均質なイデオロギーによって形成しているわけではない。

とはいえ、彼らはロシアとともに、独裁や

権威主義めいた統治様式に依拠する共通性をもっている。シリアのアサド独裁政権を掩護するためにロシアやイランが登場したのは偶然ではない。そのうえ、米欧本位でつくられた国際政治経済から国際法にいたるシステムに正面から挑戦する点において、緩やかなブロックをつくっていることも否定できない。

シリア内戦に関与している国々を中心に、世界的規模で第二次冷戦が進行している現実がますます明らかになってきた。ロシア、中国、イランの三国は、十九世紀の『戦争論』の著者クラウゼヴィッツや、満州事変の首謀者石原莞爾《いしわらかんじ》のような古典的戦争観に基づく外交政策を展開している。それは、「戦場での勝者と敗者との違いは絶対的であり、勝者が政治の果実として領土や資源を獲得する」という、力を外交にも援用する考えである。

ロシアのクリミアや北方領土への執着、中国の尖閣諸島への野心や南シナ海の島嶼《とうしょ》・岩礁《がんしょう》の軍事要塞化、イランのペルシア湾の島嶼やバハレーンのようなシーア派多数派地域への野心などは、米欧や日本の考える領土主権の不可侵、係争地の平和的解決や他国の主権領土回復の歴史的根拠、海洋通航の自由などと相容《あいい》れない。

他方、アメリカやEUは、国内世論や各種のコスト計算から、シリア戦争に軍事介入をせず、トルコとの緊張も高めたロシアと衝突や熱戦を構える意志は弱いのである。

インターロッキングにはまったトルコ

中東ではしばしば「敵の敵は味方」という言葉が用いられる。しかし、渾沌《こんとん》のリアリティともいうべき現実の中東情勢では、しばしば「敵の敵はやはり敵」という事態が進行している。「とりわけ戦争の場合、さまざまな事変や結果は、ほとんどが運命に左右される」というモンテーニュの言葉は（『エセー』2、47章）、二十一世紀の中東にもあてはまるのだ。

その運命は、われわれの推理や判断さえ混沌や不確定性のうちに巻き込んでしまうほど、激しいものだ。

グローバルな次元でいえば、地政学とエネルギー安全保障から見ても最大の脅威は、ほぼすべての国にとってISということになろう。かといって、「ISの敵のクルドは味方」という見解は、米欧や日本それにロシアには適用できても、トルコにはあてはまらない。

それどころか、これまで秘かにに支援してきたISを、不承不承とはいえ米欧に押されて二〇一四年七月に攻撃したトルコは、同時にISの敵クルドを攻撃することで、「敵の敵はやはり敵」という複雑な情勢を自らつくり、外交の可能性にインターロックキングをかけてしまった。

インターロッキングとは、ほどく術のないほど異なる要素がかみ合い、密接に連動して錠前がかかってしまった状態のことだ。むかし風の言葉でいえば、トルコはシリア情勢で嵌合《かんごう》の状態に陥ってしまったのだ。シリア情勢でインターロッキングが現在もっときつくかかっているのは、アメリカであるが、これは後に第六章で詳述したい。

第二次冷戦は、ロシアのシリア情勢への直接的な軍事介入やトルコのロシア軍機撃墜を機に、ロシアとトルコとの対立が深まり、ロシアとイランとの同盟も強化されて新たな段階に入った。かつてシリアでおこなわれていたのは、国内レベルでいえば、アラブの春が波及した「シリアの春」を圧迫したアサド政権と自由シリア軍など反政府勢力との間の「内戦」であり、中東地域レベルでいうなら、アサド政権容認の可否をめぐる関係国間の「代理戦争」という性格をもっていた。そしてグローバルなレベルで語るなら、シリアはウクライナやチェチェンとともに第二次冷戦の中で、局地的に熱戦のエネルギーを放出していたのである。

しかし、シリアでの空爆開始とトルコ軍機による撃墜を機に、ロシアは代理戦争のパトロンたる仮面をかなぐり捨て、シリア内戦を通常の戦争に変える立役者になったのだ。いまや、ロシアはシリア戦争の当事者なのである。

第二次世界大戦終結の一九四五年から四五年間に及んだ第一次冷戦期でも、ソ連の中東関与は、軍事顧問団や技術専門家の派遣に留まり、南西アジアともいうべきアフガン侵攻を除いて、朝鮮戦争やベトナム戦争に見られるアメリカ型戦争を起こしたことはなかった。

もっとも、ロシアとトルコとの軍事的緊張だけなら、国家対国家の対称的な原理に基づく妥協や譲歩が不可能なわけではない。現実に、両国は十六世紀以来一二回も繰り返された戦争を講和処理し、ときには同盟に近い関係にさえなったこともある。

現在のトルコも、天然ガスの五四・七六パーセントをロシアからの輸入に依存しており、ロシアも東南欧につながる「ターキッシュ・ストリーム」というガス・パイプラインを計画している（本書第七章で詳述）。さしずめ「土流」とも訳せる共同パイプライン構想を簡単に断念できるだろうか。二国間貿易は二〇一三年には三一三億ドルにのぼり、二〇一四年には三三〇億ドル、二〇一五年の初めの九カ月だけで一八五億ドルにもなった相互依存の構造をむげにできるだろうか。双方ともに二〇二〇年までには、一〇〇〇億ドルに拡大する共通目標をもっていたのだ。

トルコのロシア軍機撃墜を機に発動されたプーチンの対トルコ制裁は、確かにトルコに打撃を与えることは間違いない。トルコ農産品の対露輸出一七億ドル分が消え去り、観光産業の一〇パーセント分に相当するロシア人観光客を年間四〇〇万人も失うことになるからだ。

トルコに及ぼす損害は、長期的に一〇〇〇億ドルにもなるという試算も出ている。

ポストモダン型戦争とは何か

とはいえ、両国が関係しているシリア戦争には、第二次冷戦とは異質なポストモダン（近代以降）型戦争ともいうべき要素が、別に含まれている。

この双方が結びついたシリア戦争、ひいてはそこから派生する政治現象を「中東複合危機」と呼んでおきたい。この中東複合危機がグローバルに広がろうとしている点に二十一世紀の難問が集約されているのだ。

その一つの象徴的事例こそ、自由や人権を基礎にした市民社会や国民国家を尊重するモダン（近代）の原理つまりモダニズムを否定しながら、カリフ国家やシャリーア（イスラーム法）の実現というプレモダン（前近代）の教理を主張するＩＳが、シリアという領域を超えて各種のテロを各地で起こしている事実である。

ロシアにいわせるなら、自分たちが本格的に介入していなければ、ウマイヤ朝（第四章参照）以来のシリアの首都ダマスクスはＩＳの手に落ちて、カリフ国家が成立しジハーディズムの根拠地になっていたと明言したいのだろう。ジハーディズムとは、聖戦つまりジハードなる名分のもとに、テロや武装闘争の形で欧米や中東で既成の権威や権力を転覆しようとする「イスラーム・テロリズム」のことである。

二〇一五年十一月十三日にパリで起きた「金曜日の大虐殺」ともいうべき同時テロは、ISにとってシリア戦争の延長や拡大として米欧で起こした遠隔地戦争なのである。ISに何らかの形で関係するテロは、シナイ半島のロシア旅客機墜落、カリフォルニアの銃乱射、チャド湖における女性たちの自爆、ロンドンの地下鉄客襲撃など広がっており、世界中どこでも、ISの軍事的指揮や思想的影響を受けた遠隔地戦線がこれからも開かれる危険性が高い。

これは、もはやムスリムと非ムスリム間の「十字軍戦争」「反十字軍戦争」といったプレモダンからモダンにかけての感覚で通俗的に理解される事象ではない。むしろ、死傷者四〇〇人以上を出したパリの大虐殺とシリアの大量処刑(二〇一四年六月のカリフ国家樹立以降、二〇一五年十一月までにシリア国内で三五九一人が処刑され、うち一九四五人が戦闘に加わっていない民間人)などは、無差別大量殺人と市民捕虜殺害を公然とおこないテロの質量を大きく変化させた点で、ポストモダン特有の戦争として理解すべきである。

二〇一五年暮れも押し迫った十二月二十七日に、イラク軍がラマディ(イラク中西部のアンバル県の県都)をISから奪還したと報じられ、イラクのアバーディ首相は二〇一六年が

「大勝利の年」になると高言したが、やや楽観的ではないだろうか。二〇一六年に予定されるISのイラク拠点にして産油地たるモースルの攻防戦は予断を許さない。

ISは劣勢といわれても、イラクでは西部アンバル県や北部ニナワ県の多くの領域をまだ支配している。イラクで利あらずと見ればシリアに逃れ、シリアで劣勢に立つとイラクに転じるのはISの常套《じょうとう》である。まさに孫子のいう戦争とは「詭道《きどう》（正常なやり方に反したしわざ）なり」というのは、ISにもあてはまるのだ。敵が混乱しているときは奪い取り、強いときにはそれを避け、敵の無備をつき、敵の不意をつくのは、ポストモダン型戦争におけるISの地上戦の特徴でもあった。

ISは、米欧の有志連合（コアリション）、あるいはロシアやイランのアサド支援国家の力をもってしても鎮定されなかったのに、航空支援を受けたといってもイラク政府軍の力だけでモースルでの「最終決戦」に勝利を収めるのは難しいだろう。二〇一四年十一月に訪日したヨルダン国王アブドゥッラー二世は、私の質問に答えて、「IS掃討には一〇年かかる」と述べたものである。ほぼ同時期に、アメリカのパネッタ元国防長官は「三〇年」という数字を挙げていた。

ISが開いたポストモダン型戦争は、米欧に生まれた若者が受けた就職差別や人種偏見に起因する社会的不満を基盤にしていることは間違いない。しかし、もとはといえば移民や難民を労働力需要の面だけでなくヒューマニティの観点から受け入れてきたEUとくに北欧の善意や長所がそのまま理解されなかったジレンマに、悲劇の種子が胚胎《はいたい》していたのだ。

厳しい経済停滞によって就職の機会が減り、かといって同化もままならず、ムスリムの若者がキリスト教徒ら地元国民と比べれば、就職率が半分以下になっている冷徹な現実もある。その典型例こそフランスだったのである。ここにISが付け入って、宗教を基礎にしたイデオロギーや文化観の差異を絶対視しながら、ISが自己実現的に挑発した文明間衝突の亜種という性格も帯びている。

プーチンと「自分の戦争」

第二次冷戦の熱戦化とポストモダン型戦争の複合危機が中東で深まった大きな原因は、オバマ外交の限界にあるといってもよい。

オバマは湾岸戦争とイラク戦争の後遺症を脱却しきれず、〝妥協と外交〟を中東政策の根本としてきた。シリアでアサド大統領が化学兵器の使用などのレッドラインを越えれば軍事介入すると公言したのに、悲劇が起きても国際公約を実行しなかった。この時点でロシアは、中国やイラン同様に、米欧の強硬な警告は口先だけで戦争や武力干渉に訴える意志はないと見切ったのである。これでアメリカがシリア問題でイニシャティヴを握る機会は失われた。

ロシアは、アサド政権に対する「シリア平和革命」をわざわざ軍事化したのを、米欧とその同盟国サウディアラビアの責任と見なしていた。しかしプーチンは、オバマが自分に挑戦できず、己の軍事冒険主義に指一本触れられない弱腰に北叟笑《ほくそ》んだことだろう。

結局のところ、ロシアのクリミア併合と東ウクライナ干渉、中国の南シナ海での島嶼・岩礁の不法占拠と軍事拠点化の進行、イランのイラク、シリア、レバノン、イエメンへの革命防衛隊の派遣による軍事介入は、米欧から格別に阻止されることもなく、アメリカの影響力は大きく削がれたのである。

同時にアメリカは、北シリアのクルド分離主義者を支援する一方、アラブの春以降、アサド政権と対峙する穏健派スンナ派勢力の育成に失敗してきた。最近の反政府派の民兵連合シリア民主軍（ＳＤＦ）は、アサド軍に銃弾を向けずに、クルド人とともにＩＳと戦う仕事に専念している。

オバマは、イラク問題をアメリカが処理する代わりに、シリアをロシアの裁量に委ねたという解釈もあるほどだ。これは、オスマン帝国の分割を決めた一九一六年のサイクス・ピコ秘密協定で、イギリスがイラク、フランスがシリアを分割領有した事例に似ている。

ロシアの権益や勢力圏を「尊重」するというのは、冷戦の論理でもある。イラクにはシーア派イランの力が強いのでアメリカの影響力には疑問符がつくにせよ、シリア情勢の重大プレイヤーがロシアだというのは間違いない現実なのである。

プーチンは、ISとのポストモダン型戦争にも対応する一方、米欧の提唱した「テロとの戦い」の原理を反アサド勢力との戦争にも援用している。プーチンの意図は明白である。パリ大虐殺、ISによるシナイ半島でのロシア旅客機墜落、トルコのロシア軍機撃墜の三事件を結びつけながら「自分の戦争」を優位に進めて、ソ連解体以来の中東での失地を回復しようというのだ。

プーチンの戦略は、トルコが中東で築いてきた戦略的優位性を毀《こわ》して、トルコをシリアから切り離し、軍事的な補給能力を奪って孤立させる地政学的な意図に基づいている。これは、オスマン帝国以来培ってきたスンナ派同士のトルコとアラブとの陸上でのつながりを遮《しゃ》断《だん》し、トルコのダーウトオウル首相が外相当時（二〇〇九年～二〇一四年）に唱えた「新オスマン外交」の基盤を消滅させることを狙っているといってもよい。

カスピ海から北アフリカ、バルカンからホルムズ海峡までを扱う新オスマン外交の野心は、ロシアには猪口才《ちょこざい》にも映っていた。ロシアはシリア戦争でも、トルコがシリア領内で企図する安全地帯や飛行禁止地帯の構想を徹頭徹尾妨害する必要があった。安全地帯の想定地にはスンナ派のトルクメン人とアラブ人が住んでおり、トルコはその設定によって難民の国内流入を防ぐと同時に、国境近辺にクルド国家を創らせない狙いをもっていたからだ。

プーチンはトルコ軍によるロシア機撃墜事件後、トルコに庇護《ひご》されたトルクメン人を北シリアから駆逐しようとし、エルドアンがISを支援し石油密輸で巨富を得ていると大々的に宣伝している。

アサド政権もダマスクス、アレッポ、ホムスからトルクメン人を追放し、ロシアが新たに基地を拡充したラタキヤでもトルクメン人とスンナ派アラブ人相手にエスニック・クレンジング（民族浄化）とセクタリアン・クレンジング（宗派浄化）を進めている。これによって、アサド政権の戦術的同盟者であるイランを掩護《えんご》して、シリア全域にまたがるスンナ派イスラームの居住基盤を崩壊させる狙いがあると思える。

ISのチェチェン人ジハーディスト

しかし、プーチンの戦略には大きなリスクも伴う。ISとのポストモダン型戦争の最前面にロシアが立つと、ISの軍事指導部に多いチェチェン人に、ロシア国内へ戦域と戦線を拡大させる刺激を与えるからである。

ISの外国人戦士のうち四分の一が旧ソ連の出身者であり、そのロシア帰還阻止のためにプーチンは空爆に踏み切ったはずだった。彼は、チェチェン人帰国の前に中東現地で徹底的に彼らを殲滅《せんめつ》しようという目論見《もくろみ》なのだろう。

プーチンは、シリア戦争をそのまま北カフカース（北コーカサス）のチェチェニスタンなどのロシア国内問題の延長として捉えている。この点が他の首脳と違う点である。「カフカースのムジャーヒディーン（戦士たち）」に結集するダゲスタン、チェチェン、イングーシ、カバルダ・バルカルといった北カフカースの各共和国出身者から、ISに忠誠を表明する者が少なくない。二〇一五年十月十二日にロシアの治安当局は、モスクワでテロ攻撃を計画していたテロリスト集団の逮捕を発表した。「彼らはシリアのISキャンプで訓練されており、旧ソ連から二〇〇〇人以上の活動家がシリアで戦っている」と、プーチンはCBSとのインタビューで答えたことがある。

シリアにおけるカフカースのジハーディストらは三つに分かれている（ドイツ国際安全保

カフカース（コーカサス）地図

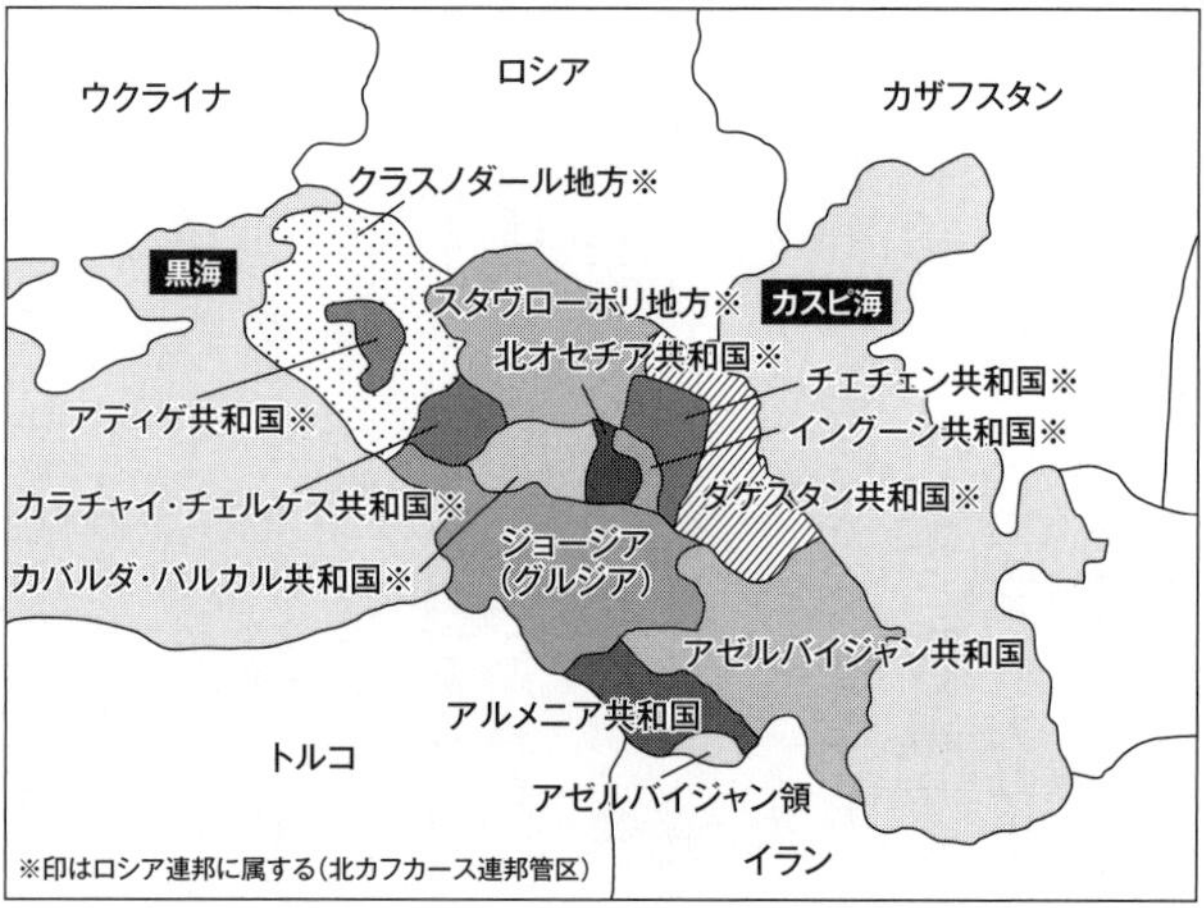

障研究所の調査）。

1．ジャイシュ・アル・ムジャーヒディーン・ワル・アンサール。シリアでいちばん有名な戦闘集団の一つ、アブー・ウマル・アル・シスターニーの指導下にＩＳに入る。

2．サイフ・アッディーン・アル・シスターニー。これは前者の組織から分かれ、二〇一三年の遅くにヌスラ戦線（二〇一一年、「イラクのアルカーイダ」の支援を受けて、そのシリアにおける関連組織として結成されたスンナ派過激組織）に忠誠を誓った。

3．ジュンド・アッシャーム。ムスリム・アル・シーシャーニーことアブー・ワリードの指導下にヌスラとＩＳと軍事的に協力する独立グループから成っている。

「シスターニー」とはチェチェン出身者の意味である。プーチンは、チェチェン人の各集団がシリアから帰国後に、かつてのアフガン戦争後に起きたような社会紊乱《びんらん》を起こし、ロシア社会でテロ攻撃をする危険を憂慮して、シリア空爆に踏み切ったという面もある。

隠した棍棒と三人の独裁者

第二次冷戦とポストモダン型戦争の複合危機から被害をまず受けるのはトルコである。トルコの南東部でＩＳとの衝突や、かねてからテロ団体として交戦してきたクルディスタン労働者党（ＰＫＫ）との内戦が本格化することで国内分裂が進み、ロシアはじめ外国から干渉を受ける危険性が増える。ロシアがシリアに配置した対空ミサイルシステムＳ４００は、シリアのクルド人を攻撃もしくは威嚇《いかく》していたトルコの軍事力を牽制《けんせい》している。トルコには、シリア上空四〇〇キロメートルの範囲と推定される超長距離地対空ミサイルシステムを無視して、トルクメン人やスンナ派アラブ人保護のために空軍機を出動させ、ロシアと再び事を構える勇気はないだろう。

隣国のシリアについて、地政学的優位性を失ったトルコにとって、孤立を脱却するために米欧やNATOの傘への依存が高まるかもしれない。トルコのエルドアン大統領には、インジルリキ基地（トルコ南部の空軍基地）をNATOに供する選択を拒否しがたく、その場合、かつてのパキスタンとアフガニスタンがタリバン戦争によって戦場となった悪夢がよみがえるだろう。

プーチンとエルドアンのほかに主要プレイヤーはまだいる。それは、二〇一五年十一月にプーチンが三〇〇年前の『クルアーン（コーラン）』を手土産に訪れたイランの最高指導者ハーメネイーである。イランはすでにシリアの暫定政権成立後に予定される選挙を見据えている。プーチンとしては、難民の大量出国で人口分布に大きな変化が生まれたシリアの選挙区割りや予想される宗派の居住地域移動（住民交換）の構想について、イランが秘かにヌスラ戦線など反アサドのスンナ派組織と交渉を進めていることなどについて、ハーメネイーに注文をつけたと見られる。

ついでにいえばプーチンは、ハーメネイーに三〇〇年前の『クルアーン』を土産に持参し、モスクワでのイスラーム大学創設や、ダゲスタン共和国（ロシア連邦を構成する共和国の一つ。イラン北方の北カフカース地方とカスピ海の間に位置する）のデルベントにシーア派の学

トルコのエルドアン大統領(右)とダーウトオウル首相(左)。両者は「新オスマン外交」を推進してきた(写真:AA／時事通信フォト)

院開設を認める友好的な提案をした。

面白いのは、プーチンが水や食べ物などをすべてロシアから持ち込んだことだ。当然、ウォッカも持ち込みだろう。しかし毒殺はイランよりも、身内のを警戒したのだろう。これを聞いて、ゆくりなく一九四三年にスターリン、ルーズベルト、チャーチルがテヘランで会談した際の逸話を思い出した。スターリンの好物は、ウォッカに黒コショウとミルクを混ぜたカクテルであったが、材料はすべて持参している。新鮮なミルクのために、わざわざ牝牛を連れていったのだ。元KGBの諜報員だったプーチンは、やはりスターリンの政治文化を踏襲した印象を受ける。

イランは、シリア国内にシーア派拠点を人

2015年11月にテヘランを訪問し、イランの最高指導者ハーメネイー(右)と会談するロシアのプーチン大統領(左)(写真:AFP=時事)

為的につくり、「アラブの春」に刺激された反政府蜂起以前の権力にアサドを復帰させようとした。しかし、これまで推定十億単位のドルを使っても成功していない。シリア国内のシーア派人口は五パーセントの少数派にすぎず、スンナ派人口は八〇パーセントにのぼる。これが、レバノンやイラクと勝手が違うところである。

イランとロシアは、二〇一一年以来、アサド支配の維持に腐心してきた。しかし、いまや彼らはこの計画の達成が単純でないことも悟っている。シリアはもはや一つの軍と治安機構をもつ統一国家にはならない。現実には、シリアを分割して、アサドの出自のアラウィー派（シーア派に由来する分派）など非スンナ派の少数派からなる国家を地中海沿岸につくる計画すら浮上してきた。その障害になるのは隣接するトルコなのである。トルコによるロシア機撃墜やＩＳへの隠微な支援を別にしても、エルドアン大統領は早晩プーチンとアサドとハーメネイーの共通利益と対立せざるをえなかったのである。

他方プーチンは、イランとの核開発停止合意でアメリカに幻滅したサウディアラビアやイスラエルに対しても、アメリカという「気まぐれな友邦」との一蓮托生を止めてロシアをもっと重視する戦略を勧めている。しかし、このメッセージが説得力をもつには、トルコとの緊張緩和という実績を積まねばならない。プーチンが第二次冷戦の力関係で有卦《うけ》に入《い》っているといっても、ポストモダン型の遠隔地戦争の挑戦をロシア国内で受けるなら、トルコへの加虐行為に耽《ふけ》っている余裕はないだろう。

プーチンもエルドアンも、ポストモダン型戦争という現実の脅威増大を前に、そろそろ隠した棍棒を捨てて正気に戻る必要がある。サウディアラビアとイランの関係悪化は、ロシアとトルコの関係正常化にとり好都合な機会となる。ロシアとトルコは、この両国の調停に熱意を示しており、トルコは自然にロシアに譲歩する機をうかがえるからだ。

中東秩序は二〇一四年以前には戻らない

アメリカは、二〇一五年九月末から始まったロシアのシリア領内空爆と、ほぼ同時期の九月二十八日のニューヨーク国連総会におけるプーチンとオバマとの緊張感あふれる対談に続いて、ウクライナ問題と合わせてロシアとの対立を深めた。

第二次冷戦を深刻化したロシアのシリアをめぐるゲーム・プランは、簡明そのものである。それは、中東にパワーバランスの空白や真空ができれば、それを埋めるのはロシアの仕事だという主張である。オバマがシリアで優柔不断と見れば、少しも逡巡《しゅんじゅん》せずに介入するのだ。ロシアのシリア問題への影響力の増大は、アメリカの力の減少に比例している。

プーチンは、オバマとの間に「第二のデイトン合意」を求めてきた。双方ともに対等の立場で紛争解決に協力し、紛争当事者たちに強い圧力をかけて講和への合意を取り付けることだ。デイトン合意とは、かつてユーゴスラヴィア解体後、セルビア人とクロアチア人から圧迫と虐殺の対象になったボスニア・ヘルツェゴヴィナの「民族的帰属としてのムスリム」という特異な民族を救済するために、クリントン大統領の強い指導力で一九九五年にオハイオ州デイトンで結ばれた取り決めのことだ。これをシリアで米露の共同調停で再現しようというのだ。

現代中東とイスラーム世界の政治構図の混沌は、第一次世界大戦中の連合国による秘密条約や偏った約束、つまり一九一六年のサイクス・ピコ秘密協定（英仏間のオスマン帝国領土分割の秘密協定）、一九一七年のバルフォア宣言（パレスチナでのユダヤ人居住地建設への英政府の支持表明）にさかのぼるが、ISの歴史的意味はサイクス・ピコ秘密協定で画定されたシリアとイラクとの人工的国境の線引きを現実に否定した点にあった。

帝国主義の悪しき遺産への挑戦は、エジプトのナーセル大統領らによって共和制アラブ国家の統一をさしあたり図る汎アラブ主義やアラブ・ナショナリズムが最高潮に達したときでも決して成功しなかった。一九九〇年のサッダーム・フセインによるクウェート併合の試みは、一部でアラブ・ナショナリズム実現への第一歩として喝采を受けたが、もろくも破局に終わった。その一方、二〇年以上たって、ISという小さな集団はシリアとイラクにまたがる広大な土地を現実に支配し、両国間に横たわる長大な国境線を無視してみせたのである。

いずれにせよ、二〇一四年以前の中東秩序と国家の枠組みに戻ることはない。その構造的な根拠として、序章で触れた点を除いてとりあえず四点を挙げておきたい。

破綻国家と宗派的断層線

第一は、中東政治の焦点が変化し、領土・国境線に事実上の変更が加えられたことだ。これは、ISのいう「境界の破砕」（qaṣr al-ḥudūd）が功を奏したからだ。二十世紀最大の持続的紛争は、パレスチナ問題をめぐるアラブとイスラエルとの対立であったが、これはISによるシリアとイラクの領土的占拠とテロの蔓延《まんえん》による国際的脅威にとって代わられた感もある。そして、すでにイラク戦争（二〇〇三年）を機にイラク北部で成立した「クルド地域政府」（KRG）の存在は、中東と世界で国家をもたない最大の少数民族クルド（人口二五〇〇万から三〇〇〇万）の悲願だった〝独立国家〟をイラクの一角で誕生させつつある。

他方、政治的真空の発生は破綻《はたん》国家も誕生させる大きな原因となっている。権威主義的なアラブ国家だったシリア、リビア、イエメンは多少なりとも破綻国家へ変容し、イラク共和国は、イラク戦争後、二〇〇三年のスンナ派の部族地域への周辺化とシーア派の中央権力の強化を経て、三つの新たな「国家」に事実上分解する過程をたどっている。これは二〇一一年の三つの「宗派的断層線」に沿ったシリア解体とパラレルに進んでいる。

イラク国内情勢(2015年)

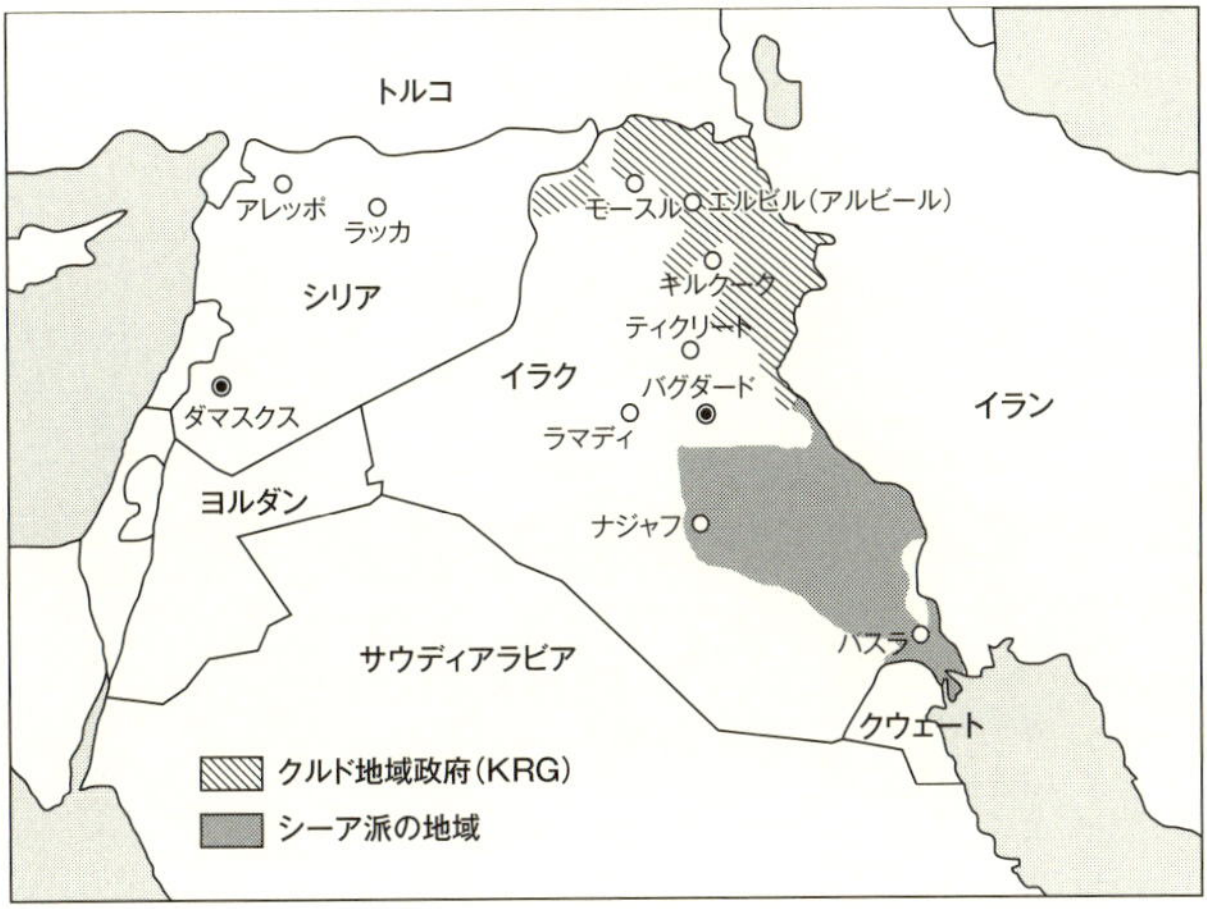

1. KRGを中心としながら将来に独立する「イラク・クルディスタン共和国」。これはトルコやシリアのクルド人を巻き込んで大クルディスタンに発展する可能性を残している。とはいえ、エルドアン大統領はせいぜいクルド人の自治国家の範囲をイラク領土内に封じ込めることで、クルド問題の妥協的な収拾を目指している。

2. イラク南部のバスラを首府とする「シーイスタン」ともいうべきシーア派アラブ国家は、数百年のアラブ史の中でシーア派アラブが単独の国民国家として成立する最初の枠組みとなるだろう。

3. シリアとイラクにまたがる「シャーム砂漠」(バーディヤ・アル・シャーム)にスン

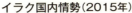

ナ派アラブ国家が長期的には出現するだろう。これはイスラエルの学者のいう「スラキランド」(Suraqiland) の範囲とほぼ一致する。この地域のスンナ派部族の実在性は、ＩＳのカリフ国家であれ何であれ、シリアとイラクの分裂や解体とリンクするスンナ派住民の政治的アイデンティティの形成につながる。

ＫＲＧが高度自治から独立国家に近づくなら、ＩＳと並んで中東政治の枠組み変化の大きな起爆剤となり、中東の政治的構図に新たなリアリティを与える。一九九一年の湾岸戦争の発端となったサッダーム・フセインによるアラブ国境の否定によるクウェート併合と大アラブへの志向が、同じイラクに由来するスンナ派アラブのＩＳによるシリアとイラク国境の拒否による両国のアナーキー化をもたらしたのは皮肉というほかない。

シリアにおいても、ヌスラ戦線などジハーディストの優勢なスンナ派アラブ地域、北東部を中心にしたクルド人地域、アラウィー派を含めてイランに支援されたシーア派アラブ地域(首都ダマスクスを中心としたアサド政権の支配領域も入る)、シリアとイラクにまたがるＩＳの四つに事実上分裂し、そこにドゥルーズ派(シーア派の一分派で秘儀的教義をもち、シリアとイスラエルの山間部に約九〇万人の信徒がいる)や、トルコ人の兄弟民族トルクメン人らの少数宗派・民族も絡むことによって、仮にシリア戦争が終息に向かうにしても、この亀裂が固定化される可能性が高いだろう。

トルコの孤立と「イスラーム＝トルコ権威主義」

第二は、トルコ外交の孤立と「隣国との問題ゼロ」外交の破綻に続く露土関係の緊張である。ＩＳやクルド問題をめぐって暴力・テロ・戦争がトルコにも波及拡大し、エルドアン大統領のＡＫＰ（公正発展党）政権は、ＩＳとクルドを同時に敵とせざるをえない状況に陥った。トルコからの自立を掲げてきたクルド人のＰＫＫ（クルディスタン労働者党）は、ひとたびトルコとの和解気運に動き、トルコ政府もクルド人の自治について前向きの交渉を進めていたが、二〇一五年六月の総選挙の結果、エルドアンは再びクルドとの対決に舵《かじ》を切った。ＰＫＫやそのシリア組織は、ＩＳの敵である米欧から援助を受け、他方ＩＳはクルドの敵トルコから、人員や物資や資金のトルコ国境通過などで黙認を得ていた。

エルドアンがクルドとの和平や妥協の気運を止め、ＰＫＫとの全面対決を復活させた理由は、二〇一五年十一月の総選挙で反クルド票の獲得を勝利に結びつけるためであった。その一方でＩＳとの対決にともかく踏み切ったのは、アメリカ主導の対ＩＳ作戦への参加を名分とすることで、ＰＫＫはじめトルコとシリアのクルド勢力との対決に米欧ＮＡＴＯの理解と支援を求めるためだった。この構図は、ロシアがテロとの戦いを大義名分にして、反アサド派ジハーディストとＩＳへの同時対決を謳《うた》いながら、実際には反アサド派攻撃に重点を置いているのと似ている。

エルドアンの賭けはあたり、二〇一五年十一月の選挙では得票率四九・二パーセントを獲得するという地滑り的な勝利を獲得した。ちなみに二〇一一年六月の選挙の得票率は四九・九パーセントであり、二〇一五年六月の総選挙では四〇・九パーセントにすぎなかった。エルドアンは、大統領権限の強化と政権の長期化を図るために憲法を改正する基盤を得たことになる。

しかし、クルド問題の軍事化や新露土戦争の危険性は、シリアやイラクの情勢と結びついて、トルコ民主主義の没落と、エルドアンによるイスラーム主義と新オスマン主義を融合させた新種の「イスラーム=トルコ権威主義」の出現を懸念させる。

その背景には純粋にイデオロギーだけでなく、独特な利権感覚も潜んでいる。

エルドアン大統領は、二〇一三年十二月の重大汚職捜査に見られるように、サウディアラビアに弱みを握られることが多い。その時期に、サウディアラビア国籍のヤースィーン・アル・カーディーという、国連やアメリカから〝アルカーイダの財務担当〟と目されている人物が、何度も不法にトルコへ入国し、エルドアンや諜報庁長官《ちょうほうちょうちょう》ハカン・フィダンと会っている事実が確認されている。

カーディーは、エルドアンの息子ビラールとそのフロント企業を通して贈収賄《ぞうしゅうわい》関係にあると伝えられる。

エルドアンとビラールは二〇一四年にも、共和人民党のケマル・クルチュダルオウルにも批判されている。それは、サウディアラビア国王アブドゥッラーに、ボスポラス海峡側の景勝地セヴダ・テペに建築許可を出す代償として、ビラールの財団に約一億ドルを寄付させたのではないかという疑惑にほかならない。

二〇一四年三月に秘かに録音されたカーディーとビラールとの会話は、サウディアラビアの一国民がトルコ外交に関して、いかに影響を与えられるかを示した証拠として衝撃を与えた。そこでカーディーは、ビラールに対して父エルドアン首相に警告するように英語で告げている。「しばらくサウディアラビア国民に非難を浴びせないでくれ。彼らに厳しい父上の発言を止めてほしい」と。別の録音では、エルドアンがサウディアラビア批判の問題をめぐって、息子を激しく叱責《しっせき》する声も収録されていた。

いずれにせよ、エルドアンのサウディアラビア批判は波が引くようにさっと後退してしまった。これは、同時期にエジプトのムルスィー大統領を事実上の軍クーデターで倒したシーシー（現大統領）への執拗《しつよう》な非難がその後も続いているのと正反対である。エルドアンのサウディアラビアへの姿勢は、アラブ首長国連邦やヨルダンやエジプトへの厳しさと対照的だと、トルコの新聞『ザマン』（二〇一六年一月十一日）では論評されている。

『ザマン』紙によれば、サウディアラビアに対するエルドアンの寛容は、他の国がリヤード（サウディアラビアの首都）と異なる体制だからではなく、前者が「金のなる木」だからにすぎない。かつて良好だったアブダビやイランとの関係が変わったのも「金蔓《かねづる》」でなくなったからだと手厳しい。二〇一五年九月のメッカ巡礼で、トルコ人を含む一〇〇〇人が事故死を遂げたときも、エルドアンはサウディアラビアを擁護したものだ。

こうした流れのなかで、トルコによるサウディアラビアのイエメン出兵への援助、サウディアラビア主導の反テロ・イスラーム軍事同盟への参加、二〇一五年十二月の戦略的対話メカニズムの設立などが実現したのである。

ロシアの兵器実験場シリア

第三に、ロシアはシリア干渉の強化とトルコとの緊張増大を通して「自分の戦争」をしていることだ。プーチンは、第一次冷戦期の権益や威信の回復につながる中東新秩序の形成しか認めない決意を固めている。プーチンの姿勢は、十九世紀以来の東方問題やグレートゲームと呼ばれる列強の中東干渉の歴史、ひいては第一次世界大戦の中東戦線でアレンビー将軍や「アラビアのロレンス」が関与したイギリスの中東政策と比べても、類を見ないほど激越なものだ。

ロシアは、シリア戦争においてアサド大統領を支援するだけでなく、交戦当事国となっている。しかも、シリアを自国製最新鋭武器の実験場にしてその引き合いを増やす機会に利用している。

「アラビアのロレンス」ことトーマス・エドワード・ロレンス。第一次世界大戦中、オスマン帝国内のアラブ反乱工作にあたった

すでにロシアは、シリアでの本格空爆以前から、96K6パーンツィリS1という近距離対空防御システムを配備していた。機関砲と短距離対空ミサイルを複合した独特な兵装は、敵地上兵力にも優勢

を保ち、反アサド勢力を後退させるのに威力を発揮した。また、空爆を本格化させると、S400トリウームフという多目標と同時に交戦できる超長距離地対空ミサイルシステムをアサド政権の支配地域と攻防戦場に展開した。これは、アメリカ製のパトリオットミサイルよりも二倍の射程距離を誇るともいわれる。ロシアの主張を信じれば、S400は四〇〇キロメートル先にある六つの目標を同時に処理できるらしい。そのうえ高いレベルの対ステルス戦能力も備えているとのことだ。これによってトルコのシリア領空への侵犯や反アサド勢力への援護は大幅に制約されることになった。

同じくらい驚いたのは、二〇一五年十月七日にカスピ海艦隊がシリアに向けて発射した高精度巡航ミサイル二六発の威力である。水上発射対地型のカリブルは、垂直発射型と魚雷発射管型に分かれるようだが、いずれも射程距離は三〇〇キロメートルとされてきた。しかし、カスピ海艦隊の巡洋艦や小さなコルヴェット艦から発射した技術にも驚くが、射程距離を一五〇〇キロメートルに修正してシリア領内に着弾させた高い技量は無視できない。

中東複合危機を作り出している大きな責任は疑いなくロシアにある。このシリア戦争によってロシア製武器への引き合いが高まったのが、武器市場の恐ろしいところだ。二〇一二年にはロシアの武器輸出額が一五二億ドルにすぎなかったが、シリアの実戦参加後になると、ロシア国営武器輸出公社（ロス・アバランエクスポルト ROE）の現有契約額は、二〇一五年八月時点で四〇〇億ドル（約四兆八四〇〇億円）だったのに、本格空爆後の同年十二月中旬には五七〇億ドル（約六兆九〇〇〇億円）にのぼった（『産経新聞』二〇一五年十二月二十二日）。

しかし、武器輸出は毎日の巨大なシリア軍費負担に見合うほどの利益を上げるのだろうか。二〇一五年十二月下旬には一バレルあたり三〇ドル台の原油安となり、同年一月から十一月ですでに財政赤字は八九六六億ルーブリ（約一・五兆円）となり、二〇一四年の三三四七億ルーブリの二・五倍超に達している。それにEUによるウクライナ問題をめぐる対露制裁が延長されることになった。シリア戦争が消耗戦になると、アフガニスタンでの戦争がソ連を崩壊に導いたように、プーチンにとって「第二のアフガニスタン」にもなりかねない。

難民問題とテロリズム

第四は、難民問題である。シリア内戦の結果、人口二二〇〇万のうち、四〇〇〇万人が国外難民となり、国内でも七〇〇万人もの住民が家や故郷を失って難民化している。EUは、今回の難民問題こそ第二次世界大戦以来、最も深刻な危機だというのである。とにかく、難民の数がどこまでふくれあがるかわからないのだ。

それでも、ドイツをはじめとするEUの一部は、シリア人難民の受け入れにひとたびは前向きの姿勢を示した。これは評価されてしかるべきだろう。他方、現在の中東複合危機に大きな責任のあるロシアとイランは、難民受け入れに消極的か、受け入れを事実上拒否している。また、シリアなどアラブの難民がこの二国に亡命や難民の申請をしないのは、難民もどこの国に行けば快適に受け入れられるかをよく知っているからだろう。

ヨーロッパへの難民流入は、根本的には人道危機の問題である。しかし、ハンガリーに限らずポーランドはじめ東欧のEU各国が割り当てに反対するのは、難民問題が文明論的に異宗教や異文化の摩擦と衝突を招く要因を内包しているからであった。いずれ安い賃金のシリア人などに、雇用の機会を奪われてしまう懸念もある。

さらに、フランスやドイツやオーストリアのように難民と移民に寛容だった国でも、極右世論を含め、入国管理を厳しくすべきだと主張する政治リアリズムが万遍《まんべん》なく台頭している。難民保護の傘に隠れて、IS、反ISのいずれであれ、テロリズムや暴力犯罪に関与したシリア人などが流入する可能性が高いからだ。二〇一五年大晦日のケルンでの集団的性暴行事件はショッキングであった。容疑者三一人のうち、一八人がドイツで難民申請をしている中東・北アフリカ系の男性だったからだ。難民問題は、人道性とテロの危険の双方に配慮しながら解決すべき政治の争点になっている。

日本の政府と国民も、難民の大量入国や申請について問題解決を想定すべき段階に入っている。たとえば明日にでもシリア人難民がドイツのボランティアが用意した日本行きの航空券で成田空港や関西空港に着いて保護を求めるやら、観光入国でも求めたらどうするのだろうか。入国を拒否するのか、認めるのか。もしかしたら彼らは拒否されても、入国審査前の空港ロビーで長期に待機する試練に耐える覚悟かもしれない。二〇一五年秋のブダペシュト東駅の待合室が成田でも再現されるかもしれないのだ。

もし、こうした事態が起きれば、中東複合危機がヨーロッパの難民を介してグローバルな緊張につながっていることを、日本の市民は初めて実感する瞬間になるだろう。

第二章　パリの大虐殺と「新しい東方問題」

——戦争と市場の間

脱領土または超領土的な「戦争」

二〇一五年十一月十三日夜、パリで起きたフランス史上に類を見ない大虐殺は、ＩＳによる同時多発テロ事件であった。パリ大虐殺が起きた襲撃場所は、９・11のように世界の資本主義や帝国主義の本拠地というわけではない。９・11大テロを引き起こしたアルカーイダは、国防省やホワイトハウスへの攻撃も狙っていたが、パリでは官公庁や軍事施設といったハード・ターゲットに狙いを定めたのではない。正面から否定され破壊されたのは、市民が週末を楽しもうとして出かけた劇場やスポーツ競技場、レストランやバーといったソフト・ターゲットにほかならない。今回のテロの最大特徴は、まさに平和で安定した日常生活への憎悪という点にある。

パリという街が攻撃対象に選ばれた理由も、「異教徒の国」の平和や繁栄への不快感に起因するのであろう。パリは芸術の都であり、花の都だといわれてきた。しかしＩＳにいわせると、そこには健康的な市民が住むだけでなく、繁栄と消費、贅沢と頽廃を象徴する不道徳の町でもあった。まさに背徳と悪徳の都だったのである。つまり、パリを攻撃しながら、その目標はパリだけに向けられたのではなく、パリに象徴される現代社会と、そこで幸せを享

2015年11月13日夜、パリで発生した同時多発テロは死者130名以上、負傷者300名以上の大惨事となった(写真:ロイター/アフロ)

受している人びと全体をターゲットにしていたのである。まことにおぞましい構図が、そこにはある。

この事件で犯行声明を出したISは、いまシリアとイラクにまたがる砂漠部と周辺都市などの一定の領域を支配し、各地で戦争を継続している。同時に、各地でテロを実行し、二〇一五年十月三十一日にエジプト東部のシナイ半島で起きたロシア機の墜落も、彼らが爆破した事件だとISは自認している。

これまでISが仕掛けてきた戦いは、シリア、イラク、シナイ半島、リビア、あるいは、マグレブ、そして西アフリカに及んでいた。それが今回、さらに時空を超えて、中東やイスラーム世界から領土的には遠いフランスの首都パリにも広がりを見せた。

そうした点において、今回のポストモダン型戦争は、グローバルな性格を帯びていることに注目しなければならない。すでにアフガニスタンのカーブルからフランスのパリに到る広大な地域に住む人びとの生活に大きな影響を与えており、ＩＳの影響圏が、さらに拡大していくことも十分に予想される。

そもそも何が、この戦争やテロをポストモダン的にしたのであろうか。答えの一つは、すこぶる単純である。この新しいポストモダン型戦争は、国家間の争いではないからだ。

ＩＳは自らを一定の領域を支配する国家的な主体だと称しており、ＩＳに連なる各地の組織も、表面的には独自のアイデンティティをもつ独特な文化集団や自立的な社会集団の装いを偽ることも多い。しかし、彼らがジハード（聖戦）やタクフィール（ある人間や集団を不信仰者と宣言すること）を叫びジハーディズムやタクフィーリズムを名乗ろうと、同信者さえ大量殺害し、少女の性奴隷化を合法とするイスラーム・テロリズムの集団であることは本質的に間違いない。ＩＳのような集団が一方に存在し、他方に主権をもつ国家が実存する事態が、歴史上ほとんど経験したことのない未曾有の戦争形態を現出させたのである。もはや二十一世紀は、国家が干戈《かんか》を交える形式だけを戦争と考えられない歴史に入ったのである。

〝脱領土〟あるいは〝超領土〟的に暴力とテロの延長としておこなわれる「戦争」や、これまで戦争とは表現しがたかった「戦争」をいまや観察しているのだ。暴力やテロこそ相手を屈服させる唯一の手段だと確信し狂信的に「ムスリム」を自称する個人や集団と、欧米ひいてはロシアの国家や社会をめぐる価値観同士の対決でもある。

ポストモダン型戦争は、国家間戦争というプレモダンからモダンに至るまで共通していた戦争のイメージと内容を大きく書き換えているのだ。

米欧の保守極右によるムスリム排斥

ＩＳによるパリ大虐殺で浮かび上がってくる「ホームグロウン（地元育ちの）テロリスト」などムスリム犯罪者の特質は、差別や人種偏見などを理由に、自分が生まれ育ったフランス社会ひいては欧州社会において、亀裂や憎悪をわざわざ引き起こし、アナーキーやカオスを広げる動きにある。こうした衝動は、中東やアフリカでも共通しており、近代国家の成立基盤を着実に弱め、内側から分裂させ、突き崩していく。その否定と破壊の先にあるのは、破綻国家への道なのである。

つまり、ポストモダン型戦争が生まれるのは、米欧社会内部の差別や貧困に起因する不平不満からだけでなく、宗教宗派の違いによる文化とイデオロギーの相違を意図的に際だたせ、大小を問わず「文明の衝突」を自己実現するISの政治意志が強固だからである。同じ社会に生まれながら、異なる環境で育った集団の間に深い憎悪と怨恨をもたらす点こそ、ISによるポストモダン型戦争の目的なのであり、現実にフランスのマリーヌ・ルペンやアメリカの共和党大統領選挙候補者ドナルド・トランプによるムスリムの市民や移民の排斥に大きな口実を与えている。

二〇一五年十二月二日にカリフォルニア州サンバーナディノで起きた銃乱射事件では一四人が殺害された。フランスやアメリカの大テロは、米欧社会で生まれ、タテマエの上では政治と宗教を分離した世俗主義社会で自由と民主主義を享受しながら育った人びとからテロリズムが生まれ、しかも下手人のムスリム夫婦はISの「暴力的な過激思想」に影響されたことを隠していない。彼らは外見だけ見れば、ISに感化された「ローン・ウルフ」（一匹狼）型にも見えようが、その犯行はISの行為と同一視され、衝撃が全米レベルに及んだことでISの狙いを達成することになった。

共和党のトランプはムスリム市民を「差別的」に扱うように要求する声明を発表し、その中でインターネット調査に在米ムスリム市民の二五パーセントの人が「アメリカ人への暴力

国民戦線（FN）の集会で、姪のマリオン・マレシャル・ルペン氏（中央右）と笑顔を見せるマリーヌ・ルペン党首（中央左）（写真：AFP＝時事）

は世界的なジハードの一部として正当化される」と答えた点を強調している。ここから、彼らの憎悪が理性を越えており、イスラーム過激派を封じ込めるためには、ムスリムの新規入国を禁止すべきだと語ったのである。

フランスで二〇一五年十二月六日におこなわれた州（地域圏）議会選挙（比例代表二回投票制）の第一回投票では「反移民」を掲げた極右の国民戦線（FN）が本土一三州のうち六州で二八パーセントを獲得して首位となった。これは、サルコジ前大統領の共和党・右派連合の二七パーセントや、オランド大統領を生んだ社会党・左派連合の二三パーセントよりも高い数字であった。

この結果は、シャルリー・エブド事件（二

〇一五年一月七日にパリの風刺週刊誌『シャルリー・エブド』の編集部をイスラーム系テロリストが襲撃し、編集者や風刺マンガ家、コラムニストら十二人を殺害した事件）や「金曜日の大虐殺」で高まった反イスラーム移民や、ムスリム難民への反感が背景にあるからだ。党首のマリーヌ・ルペンは、イスラーム・テロの拡大を非難し、EUの条約に反して厳重な国境管理を実行することでテロリストの出入りを阻止してイスラーム過激派を壊滅させるべきと訴えていた。

さすがに十二月十三日の再選挙では、FNは反極右でスクラムを組んだ他政党連合の前に屈し、どの州でも第一党とはならなかった。

イスラーム内部の分裂と深い危機

ポストモダン型戦争は、ISによって引き起こされているのは事実であるが、ISはむしろ結果であり原因ではない。本質的には、現代世界ではしばしば破綻国家が生じる事実に大きな原因を求めるべきなのだ。

これまで、揺るぎなく存在するかに思われた国家が、麻薬や人身売買や臓器売買などに手を染める犯罪団体や、多神教徒という理由で少女の性奴隷化を合法にするISのようなイスラーム・テロリズムによって寄生され、軍事力でも圧倒され国家の骨格が腐朽《ふきゅう》していく現象が、中東からアフリカにかけてポストモダン的政治現象になっている。その先に行き着くのは、国家の解体である。これまで私たちが地球儀で知っていた領土や領域、それを画する国境を否定しながら、国家の融解や解体が進展している点に深刻さがある。

このポストモダン型戦争を理解する場合に、基礎となる三つの条件と特徴を改めて整理しておきたい。

第一は、中東を含むイスラーム世界の内部分裂と深い危機である。

差別や貧富は地球上でどの社会にも存在する。それだけでは、何故にヨーロッパのイスラーム共同体からテロリストが生まれ、イスラームの教理によって十一月の「パリの大虐殺」を決行し正当化する人間を生んだのかを解くことはできない。共同体の中からであれ、周縁や外からであれ、ともかくイスラームを名乗り、そしてイスラームに根拠を求める集団が、これほどのテロを働いてしまった現実を良質なムスリムたちはいかに考えるのだろうか。

今後イスラームにおけるモラルの体系、あるいは道徳のシステムがどうなっていくかについて、良質かつ平均的なムスリムは自ら真剣に問い直さなければならない。かつて一貫性を誇ったイスラームは、いまやモラルの体系、道徳のシステムとして正常に機能しておらず、歴史の継承にもほころびを見せて久しい。テロの遠因や責任を米欧だけに負わせるのでなく、イスラームの信者や市民も深刻に内省すべきときが来ている。

パリ虐殺事件の容疑者の一人は、バーを経営していた。彼やその周辺者は飲酒や麻薬の常習者だったとも報じられている。イスラームでは飲酒を禁じているが、イスラームの名を借りてテロや戦争に従事した人間たちが、酒場を経営し麻薬など〝非イスラーム的な快楽〟を否定しない人間も受け入れ、戦争や自爆の要員とするあたりに、ISの本質が垣間見えて興味深い。イスラームへの信仰を純化する者にもまして、社会から脱落し、歪みと極度なニヒリズム（虚無主義）やアナーキズム（無政府主義）に傾倒する若者たちが多く参加し、未成年者の少女との結婚や異教徒の女性奴隷の購入を合法化している姿を、敬虔なイスラーム教徒はどのように考えるのだろうか。

この意味でもパリの大テロを受けて、スンナ派の穏健派を代表する最高権威機関のアズハル宗務庁（エジプト）が、ヨーロッパに代表団を派遣し対話を始めると表明したのは歓迎されるだろう。イスラーム文明からISのような集団が生じた遺憾な事実を批判し、内部から克服する努力は良質なイスラーム社会の担うべき責任だからだ。内発的動きが世界中のあちらこちらから出てこない限り、究極的な問題解決は難しいのである。

中東の中心的な懸案はこれまで、パレスチナ問題をめぐるイスラエルとアラブとの紛争であり、イランの核開発問題であったが、これらはＩＳの台頭によって後景に退いた感もある。というのも、シリアとイラクにまたがる領域を越えて、ＩＳの戦域が中東から欧州、ひいては北米までテロという形で遠隔地に拡大しているからだ。ＩＳは、米欧やロシアから攻撃を受けるシリアだけを戦域や戦線と考えるのではなく、米欧やアフリカやロシアにまで自ら積極的に遠隔地戦線を拡大しようとしているかにも見える。これは、もはやテロや暴力の範囲を越えてポストモダン型戦争の領域に入ったともいえるだろう。

国民国家と市民社会の崩壊

第二に、モダンの政治原理が生んだ多数の国家が、中東を中心に崩壊あるいは破綻している現実があることだ。

国家の崩壊は、市民生活と社会秩序の保全だけでなく、各種のグローバル・システムを損なう最悪の政治現象である。現在の国際社会は、明らかに「国」という単位を基礎として成り立っている。その国家という単位が崩壊してしまえばどうなるか。現在の日本人にはイメージが難しいかもしれない。しかし、アラブの多くの国のように、政府が崩壊し、国内が現政権派と反政権派に二分され、それぞれ外国勢力から支援されながら戦っているときに、ISのようなテロリズム組織が入り乱れて参戦する状況になった事態を素直に想像すればよい。そのとき、シリア人はじめアラブの人びとの生活や安全がどれほどの危機に陥ったのだろうか。

「国家の動きは、運命にいかに導かれるかに依存する」と語ったのはモンテーニュである（『エセー』6、宮下志朗訳）。同時に彼は「個人の行動は、われわれがいかに導くか次第のところがある」と述べたものだ。難民となったのは、やむをえざる選択なのである。それにしても、父祖伝来の土地を去って、難民としてヨーロッパに向かった苦衷と悲劇は、筆舌に尽しがたい。

これまでの国民国家の枠はクリミアからウクライナ、アフガニスタンやリビアからシリア、イエメンに至るまで崩壊しかけており、イラクも破綻国家に近づいている。アフリカでも多くの国が溶解したか、破綻しつつある。欧米やロシアの戦争や軍事干渉に加えて、それに対抗する内戦やテロの蔓延が国家の解体や破綻を促進したのだ。

これは、シリアでもロシアと米欧の対峙で進行中の第二次冷戦と、中東から生じているポストモダン型戦争を結合させて、中東複合危機をグローバルな大戦に発展させる危険性がある。

しかも、アラブ各国の弱体化によって、アラブ圏やアラビア半島に対する域外からの干渉と影響力が強まっている。非アラブのイランとトルコは、これらの地域と民族を支配した帝国の記憶を政策の基礎にしており、アケメネス朝帝国にさかのぼる歴史をもちシーア派の総本山たるイランと、スンナ派のカリフを戴いたオスマン帝国の継承者たるトルコとの争いも激しい。彼らの膨張主義的野望は、ロシアと手を組むイランの方が、ロシア機撃墜でプーチンとの敵対に追い込まれたエルドアンのトルコよりも成功している。イランとサウディアラビアとの深刻な対立を見るまでもなく、国際イスラーム（シーア派）革命の拡大が複合危機を促進する可能性は、これからの懸念材料である。

米欧の民主化・自由論の限界

第三に、グローバルで多次元的な政治や社会の構造変動を理解し解決する上において、米欧のモダンな見方や、民主化や自由論を軸にした政策が中東では功を奏さないことが証明された事実である。

アングロサクソンであれスラヴであれ、米欧からロシアに至るまで、自由主義や民主主義といったモダニズムに育てられた政治や知識のエリートは、少女の性奴隷化などをプレモダン的に合理化しながら、ポストモダン的に無差別テロや自爆テロを戦争の多様な戦術に結びつけるＩＳはじめ、無数のイスラーム・テロリズム運動の跋扈《ばっこ》といった新たなリアリティに適応できないまま、ポストモダン型戦争に引きずり込まれている。

「アラブの春」から生じた世俗主義やモダニズムによる民主化や自由の実験は、これまでの成功例ともいえるトルコの混迷とエルドアンの独裁化と相まって、中東でかえってイスラーム主義の伸長をもたらし、イスラームの民主化という概念を独自に成長させる試みを挫折に追い込んでいる。リビアのカダフィーやイラクのサッダーム・フセイン、エジプトのムバーラクといった強権的な独裁者を打倒し、民主的かつ自由な投票を実施してみても、力を伸ばすのは、結局、イスラーム主義勢力や宗派主義者だという皮肉な結果を招来している。

そしてその一方、このような混乱に乗じて、ロシアや中国やイランのように共産主義や毛沢東思想やホメイニー主義といった全体主義や権威主義の流れをくむ国家は、ＩＳなどのイスラーム・テロリズムとの対決を大義名分に掲げ、国内における人権抑圧や民主主義の無視や民族自決権の否定を正当化しながら第二次冷戦で優位に立とうとしている。

米欧や日本の政治エリートや文化人たちは、自由と民主主義の理想や、ＥＵに象徴される地域統合への夢を高らかに掲げてきたが、ＥＵの許した域内往来の自由が逆手にとられている。流入した難民にテロリストや犯罪者が紛れ込んだ結果、パリの大虐殺やケルンの集団レイプの下手人となったのである。ＥＵのエリートや文化人は、はかりしれないショックを受けたに違いない。

ポストモダン型戦争は、これまで米欧を中心に築き上げられてきた知の体系や社会システムを深刻に見直すべき局面が来たことを示唆している。経済的な繁栄と工学的な技術という二つの要素を組み合わせて社会問題を解決する手法は、十九世紀以来、欧米社会とその亜種たる日本では確かに成功した。しかし、こうした成功体験に頼るあまり米欧は、最先端の経済力と技術力、あるいはその粋を集めた軍事力に依存しすぎて、イラク問題の解決に失敗しただけでなく、アラブの春の余波を受けたシリア危機についても、問題に十分対応できないでいるのだ。

これまでイスラーム世界は、米欧が開発した技術や工学を移入せざるをえず、それを基礎にした思考法や研究スタイルも導入してきた。重要な点は、それらを総体としてイスラーム世界の変革に生かすことに成功しなかったという点である。むしろ、こうした創造的な変革や未来の創成にあたるべき理工系学生の中から現れた者たちこそ、アルカーイダやＩＳのようなニヒリズム（虚無主義）やアナーキズム（無政府主義）に浸された世界観や生活感覚をもつ若者にほかならない。

彼らは、現状への挫折感や不平不満から、反権威に飾られた衝動に駆られている。彼らの攻撃は、直接に被害を受けたわけでなく生活を破壊されたわけでもないのに、ときには無辜の民にも遠慮会釈なく向けられる。ムスリムを含むフランス市民であろうとカトリック系市民であろうと、シリアやマグレブ（アルジェリアやチュニジアなど北西アフリカ）のムスリムであろうと、ＩＳのポストモダン型戦争に巻き込まれる人びとはこれからも増えるだろう。

世界史的トップリーダーの不在

こうした新たな状況の挑戦に直面した現在、何よりも必要になるのは、新しい歴史の見方を可能にする知的なパラダイムである。しかし、これまでの世界史の常識を超えたＩＳの危険に対して、新たな歴史観とパラダイムで武装しながら、世界を指導できる政治家やトップリーダーは、なかなか見当たらないのが現実なのである。

現在の欧米は、ギリシャ金融危機やシリア危機を見ても、自らの安全と国民の高福祉高所得を最優先する国がほとんどである。その市民たちは、納税者として、自分の支払った税金が中東やアフリカから流入する他国民のために使われるのを是としない傾向が強い。なかでもEUの理想とヒューマニティから難民の受け入れに前向きだったドイツやフランスでさえ、際限のない人数の流入に、国内福祉を削ってまで予算を回すことに懐疑的な流れが生じている。こうした傾向や潮流に乗っている政治家は、バラク・オバマ大統領やアンゲラ・メルケル首相であろう。

オバマ大統領についていえば、ノーベル平和賞が実績とは無関係にあまりにも早いタイミングで与えられた事実は記憶に新しい。とはいえ、責任ある超大国のリーダーとして、グローバルに記憶され評価される業績を残したとはいいがたい。経済と科学技術の成果を結びつけ、その果実に依拠する型の平均的リーダーとしては合格しているかもしれないにせよ、ウッドロウ・ウィルソンの国際平和主義やフランクリン・ルーズベルトのニューディール政策といった世界史を変える哲学性や歴史観を欠いている。その閣僚や側近にも人を得ていない。

ドイツのメルケル首相の在職年数が一〇年を超えたといっても、かつてのコンラート・アデナウアーやヴィリー・ブラントやヘルムート・コールなどの宰相と比べると、その政治手法はすこぶるプラグマティックであり、格別の歴史哲学をもっているわけではない。

嘘と借金

さて、ここでメルケルと中東複合危機との関係について一言しておこう。

これを説明するには、紀元前四九九年以降のペルシア戦争に、現代の国際危機の三当事者が絡んでいた事実から説き起こさなくてはならない。ペルシア戦争の発端は、イラン（ペルシア）の国王ダレイオスがいまのウクライナにドナウ川経由で大遠征をおこない、ヨーロッパの併合を企てながら失敗したことに由来する。当時の水準でいえば、イランは恐ろしく野心的な「大戦」を企てたものだ。その間にアジア最西端のギリシア人が反乱を起こしたのである。

二〇一五年のギリシャ債務問題とイラン核協議の最終合意を見るにつけて、古代ギリシアの歴史家ヘロドトスが述べた言葉を思い出してしまう。彼によれば、古代のイラン人は、最も恥ずべき行為の第一が嘘をつくことであり、次が借金をすることだと考えていたというのだ。この順番は、ローマ時代に生きたプルタルコスの『モラリア』では逆になっている。いずれにしても、借金をした者はどうしても嘘をつくと二人はいいたかったのだろう。

現代のギリシャ人は「嘘と借金」を平気で重ねてきた点で精神的祖先の時代よりもひど

く、イラン人は核開発について本当のことを語りたがらなかった。金融と安全保障の違いはあるにせよ、古代史で史劇の主演を積極的に演じたギリシャとイランは、現代史でも国際危機の負の主人公となっている。

ギリシャの過ちは、二〇〇一年にGDPの約一三パーセントを占めた財政赤字を一パーセントだと嘘をついてユーロを導入した点に由来する。過ちの結果、いまや公的債務は二四二八億ユーロに及んでいる。

しかし借金を重ねると、ついに嘘を吐けないときが来るものだ。中南米の革命家チェ・ゲバラの崇拝者ツィプラス首相でさえ、銀行休業や資本規制を市民に強制しながらEUからの金融支援を受けるために、財政改革法案を国会で承認させた。EUは七〇億ユーロ（約九五〇〇億円）のつなぎ融資を実施し、三年間で最大八六〇億ユーロ（一一兆七〇〇〇億円）にのぼる金融支援の協議を始めることになった。

嘘のツケは大きい。ギリシャ人がいっときの年金削減や税負担を嫌ったばかりに、今後二年間、GDPに占める債務比率は二〇〇パーセントにまで上昇するはずだ。二〇一四年の一七七％からさらに悪化するのだから、ユーロ加盟したさの「嘘と借金」もずいぶんと高くついたものだ。

イランの「嘘」は中東複合危機に関連する地域の安全保障が絡むだけに、北朝鮮の核開発に関わる嘘の数々に振り回されてきた日本としても見逃せない。

イランは、二〇〇二年八月に極秘のウラン濃縮施設の存在が暴露されて以来、濃縮停止に関する英仏独との合意を反故にしたばかりでなく、二〇〇六年にはウラン濃縮活動を再開するという公約違反を犯した。国連安保理はその年の十二月から二〇一〇年六月まで四回にわたってイラン制裁決議を採択したのである。

しかも、その間に未申告のウラン濃縮施設によって濃縮度二〇パーセントのウラン製造を開始するなど、嘘を重ねた点で国際的な信用を失った。二〇一二年にアメリカが金融制裁を発動し、EUがイラン産原油の禁輸措置をとったのも自然の成り行きであった。

とはいえ、イランに将来の核開発を許す含みを残す最終合意に達したのは、ギリシャにないイランの優位性があるからだ。それは、ギリシャが「嘘と借金」の二重苦で自縄自縛になったのと違い、イランは欧米に多額の債務を負っておらず、未開拓の市場として魅力的だからでもある。

これを証明するのは、国連安保理常任理事国以外にドイツがイランとの協議に参加していたことだ。メルケル首相の率いるドイツは、フランスが発明したユーロを最大限に利用した受益者である。サウディアラビアやイスラエルによる最終合意批判の矛先をアメリカに向けさせる一方、ギリシャや南欧のおかげで安くなったユーロの輸出力でイランの新規市場で覇を唱えようとする野望が見え隠れしている。ドイツがアジアインフラ投資銀行（AIIB）の熱心な加盟国になった動機も、市場としての中国やイランを重視する野心からであった。

ドイツが関与する「新しい東方問題」

エマニュエル・トッドのいう「ドイツ帝国」やジェームズ・リカーズの「新しい帝国」ドイツは、イラン、ギリシャ、ウクライナの危機の裁定者として、英仏を凌駕《りょうが》する存在感を発揮している。ドルを犠牲にしたユーロの発展に依拠したメルケル指導下のドイツのリーダーシップを高く評価するか、ユーロがドイツの利益に奉仕する貨幣に成り下がったと考えるか、見方は分かれるにせよ、ドイツのユーロとギリシャのユーロの実質価値を同等に考えたギリシャの政治家と国民の幻想は否定しようもない。

債務返済の三〇年間猶予《ゆうよ》か元本削減でもなければ、ギリシャは借金を返すだけの立場に転落し、経済成長はおぼつかない。ユーロ圏がつくる予定のギリシャの国有財産を処分する債務返済機構は、さながらオスマン帝国（トルコ）の負債を確実に返却させた十九世紀のオスマン債務管理局の仕事を連想させる。

結局、いまのギリシャ、イラン、ウクライナに共通する国際現象は「新しい東方問題」の誕生なのである。

東方問題とは、一八二〇年代のギリシャ独立戦争を契機としたトルコに対するヨーロッパの干渉や、各国間の競争と協調などのダイナミックな局面を包括する外交の概念であった。ただし、大きく変わった点が二つある。当時の「ヨーロッパの病人」はトルコであったのに、現在はギリシャになったことだ。そして、第二次冷戦とポストモダン型戦争そして難民問題が中東からヨーロッパに拡大している空間を考え合せると、「ヨーロッパの瀕死の病人」はシリアだということもできる。

しかし異質な点が一つある。それは、十九世紀のビスマルクは東方問題に距離を置いていたのに、二十一世紀のメルケル首相はウクライナからギリシャやイランに及ぶ「東方」に積極的な進出策をとっていることだ。

ただし、国土が分裂して「瀕死の病人」となったシリアには市場の誘惑がなく、ドイツ資本が食指を動かす魅力にも欠けている。巧妙なのは、「新しい帝国」たる印象を与えずに、EUユーロ圏のためという控えめな雰囲気で債務不履行寸前のウクライナやギリシャの問題に関与しながら、回収すべき債権のないシリア問題への関わりを露骨に避けていることだ。この意味では、「新しい東方問題」は、ドイツのEUユーロ圏での覇権と関心の重点を映し出す「西方問題」の鏡になっているのだ。

核をもたないドイツが、核保有五カ国に伍して豊かな市場と購買力をもつイランと協議する光景は、通貨発行権の放棄によって主権を制限されたギリシャに対するドイツの厳しい干渉の絵柄と対照的である。ギリシャは「新しい東方問題」のもとでEUユーロ圏、実はドイツからの不断の圧力にさらされる局面が繰り返されるだろう。プルタルコスではないが、「利子の前に利子あり、またまたもう一つ利子あり」なのだ。贅沢《ぜいたく》や浪費癖の結果、貸付金の一部は借金返済に回されるために、「証文に記載された金額よりも少ない額を受け取る」のは古代からの常識なのだ。古代イラン人に学んだ祖先の忠告を無視した現代ギリシャ人の自業自得というべきである。

しかし、ギリシャ人の内面のひだはもっと入り組んでいる。彼らは、独立後に初代国王となったドイツ人オットー(バイエルン王室)が「苛政《かせい》」を敷き、一九四一年から一九四二年の冬に、ナチス・ドイツの占領下で二〇万から三〇万の餓死者を出した悲劇を忘れていない。一九四三年にパンの価格が戦前の一三〇〇倍になり、一九四四年には三四〇万倍に跳ね上がるハイパー・インフレを起こしたドイツの占領賠償として、ツィプラス首相はメルケル政権に対し一六二〇億ユーロ（約二二兆円）の請求権があると主張したこともある。「新しい東方問題」は、ギリシャの戦時賠償の請求権と負債元本の削減など歴史認識の差異や債務返済の義務が「嘘と借金」をめぐる攻防と絡む一方、オスマン帝国末期以来つながりの深いトルコとロシアとのシリア戦争をめぐる緊張関係、ウラン高濃縮化の中断と引き換えのイラン市場の開拓などにまつわる中東複合危機とも絡んでいる。ドイツが関与する「新しい東方問題」は、中国によるギリシャのピレウス港買収問題と相まって、十九世紀の東方問題と異なる複雑さを呈するであろう。

第三章　地政学とムハンマドのリアリティ

――大文字と小文字のイスラーム

北アフリカと中国とを結ぶ交易拠点としての中東

第二次冷戦とポストモダン型戦争が結びついて、実際に熱戦が拡大し、第三次世界大戦が起こるとすれば、その震源地は中東になるだろう。その危険な可能性を探るためにも、まず中東ひいてはイスラームの歴史と地政学を概観しておきたい。

中東の核心は、歴史的に見るとアラビア半島と「肥沃《ひよく》な三日月地帯」（The Fertile Crescent）の二つの地域から成っている。後者は、チグリス川・ユーフラテス川からシリア、パレスチナを経てエジプトへといたる半円形の緑なす平野部にほかならない。

この二つこそ、人間の居住可能な地域、すなわち「エクメーネ」と古代のギリシア人やローマ人たちが名づけた地帯の両端を結びつける交易路上の商業拠点を占めていた。こう指摘したのは、シカゴ大学のイスラーム史家マーシャル・ホジソンである。

ホジソンの書いた『イスラームの冒険』（The Venture of Islam）は、私の学部学生の時代にイスラームや中東や中央アジアに関心をもつ学生に一巻本の簡易版の参考が必ず薦められたものだ。いまなら当たり前かもしれないにせよ、近代以降のヨーロッパの西洋史や経済史の研究者の見方を「トンネル史観」だと批判した学者である。西洋史というヨーロッパ内部

肥沃な三日月地帯

の因果関係だけを比較するトンネルめいた視野の狭窄《きょうさく》でものを見ていては駄目だと、鋭い論評を下していた。

このホジソンによれば、古代のギリシア人やローマ人がイメージしたエクメーネは、北アフリカから中国西部にかけて広がっていた。彼は、アラビア半島と肥沃な三日月地帯が、北アフリカと中国とを結びつける交易拠点だったと主張したのである。かつて米欧の人びとがアラビア半島といえば砂漠の不毛地という印象だけをもちがちだった時代に、ホジソンはその歴史的意義を適切に位置づけてみせた。肥沃な三日月地帯はともかくアラビア半島を交易上の重要なルートとして位置づけるのは、非凡な発想というほかない。

彼は、ヘロドトスが描いたヨーロッパと中国に挟まれた地帯を、独自に「ナイル＝オクサス（アムダリヤ川）」と呼ぶような独創性も発揮している。

ホジソンの考えに従えば、イスラームの役割は、ヨーロッパと中国とインドといったエクメーネを結びつける文明的な触媒を果たしたといえるだろう。

逆転の発想から見れば、アラビア半島のベドウィン遊牧民は、北のシリア、北東のメソポタミア（イラク）、東のインド洋に接するオマーン、西・南の紅海とアラビア海を経てアフリカに抜けるイエメン、西の紅海に接するヒジャーズのように、多少なりとも農耕や通商が可能な地域に囲まれて移住を繰り返してきたともいえる。そして東西交易路の乾燥地帯にあたっている中東の地政学的な位置は、古代から現代に至るまで、戦略的に不安定な様相をいつも中東の国々に強いる遠因ともなってきた。同時に、乾燥地域と農耕地域が重なるようにして存在しているのが、中東の妙味というべきであろうか。

さらにいえば、アラビア半島と肥沃な三日月地帯で石油や天然ガスというエネルギー資源の埋蔵が近代以降に確認されたために、現代中東の政治と経済がグローバルな規模で影響を与える大きな戦略的要因にもなっている。この意味では、神のみぞ知りたもう歴史と時間を超えた要因によって、ホジソンの予見した地域の重要性が決定づけられていたともいえよう。

現代の中東では、エネルギーの要素がなかった時代から培われた地政学的に不安定な構造がますます深刻になっている。それは、石油や安全保障の要因に補強される戦略的重要性だけでなく、戦争とテロリズムという国際平和と秩序を脅かす舞台ともなっているからだ（ロバート・カプラン著『地政学の逆襲』朝日新聞出版を参照）。

アナトリア高原とイラン高原

古代から現代にいたるまで、アラビア半島と肥沃な三日月地帯の接する北西のシリア、北東のイラク、南方のイエメンの彼方には、ホジソンが「政治的奥地」と呼ぶ高原が広がっていた。その組み合わせは、シリアとアナトリア高原、イラクとイラン高原、そしてイエメンとアビシニア（エチオピア）高原との対である。

シリア北方に広がるアナトリア高原は、ビザンツ帝国やオスマン帝国の領土的心臓部であり、そこにある現トルコ共和国の首都アンカラは一四〇二年に、オスマン帝国の第四代スルタンのバヤズィト一世と、中央アジアから進出してきたティムールとの会戦がおこなわれた地でもある。あえていえばアンカラの位置は、中国の徐州のように四通八達の地として、東西の兵力が会戦してきた地形だともいえる。

現在のイラクも、古代のメソポタミア文明も、繁栄を支えたのは背後のイラン高原である。地政学的に考えれば、イランとメソポタミア（イラク）はシーア派の広がりはもとより、ペルシア湾の海岸部の連続性など、決して切り離しては語れない場所でもあった。

イエメンは、オマーンがインド洋上のザンジバル諸島や南アジアと結びついていたように、古来、現在のエチオピアにあたるアビシニアとの結びつきが強かった。そこにはまさに海洋世界の論理がある。

従って、アラビア半島を砂漠ばかりの不毛の地と捉えるのは、まったくの見当違いである。シリアもイラクも、イスラーム勃興の七世紀に前後してアナトリアとイランを教化しイスラーム圏を膨張させる前線となったのである。シリアの首都ダマスクスとイラクの首都バグダードが、かつて、それぞれウマイヤ朝やアッバース朝の中心地として繁栄していた首邑だった事実は、決して無視できない。

この両軸に連なる形でシリアのアサド政権とスンナ派ISの対抗軸、イラン中心のシーア派勢力対サウディアラビア中心のアラブのスンナ派勢力との対立関係が形成され、その周辺に内戦から「代理戦争」を経て、いまや戦争の当事者となったアラビア半島（湾岸諸国を含めて）と肥沃な三日月地帯（イスラエルやガザを含めて）の関係国が配置されているわけだ。

歴史的にいえば、シリア、イラクとアラビア半島、イエメンとアラビア半島の要部をつないだ人びとは、基本的に商人たちであった。

イスラームの預言者ムハンマドは、誕生前に父親を失い、幼児期に母も死亡し、孤児として祖父や叔父に育てられた。彼の生まれたハーシム家はクライシュ族の名門であり、後者はムハンマドの三代前から国際商人に成長してアラビア半島や「シャーム」（シリア）に広がる隊商（キャラバン）を組織していた。ムハンマドも少年時代に商人になって隊商に参加し、「シャーム」を訪れたという伝承が残っている。

ハートランド（中核地帯）と世界島

中東地域が重要なのは何故かという問いに答えてみよう。「膨大な石油天然ガスを埋蔵しており、日本の産業経済の生命線を押えているからだ」という見方は間違っていない。しかし、それだけでは十分ではないのだ。古代から連綿として変わらない地政学的な位置も答えに入れないといけない。化石燃料エネルギーの埋蔵地、政変やテロの震源地という多面性を地政学の理解と結びつけることで、第二次冷戦とポストモダン型戦争が結びつく空間として中東の意味を多元的に理解できるのだ。

こうした点を考える重要なキーワードとして地政学に触れてみたい。

イギリスで活躍した地理学者ハルフォード・マッキンダーは、主要な山脈や河川に沿って幹線交通網が発達した地球の形状が「帝国」の発展を動かすと考えた。そこから生み出された理論が「ユーラシアのハートランド（中核地帯）」という考え方につながった。彼の説明はすこぶる明快である。「東欧を支配する者はハートランドを制し、ハートランドを支配する者は世界島（ユーラシア大陸＋アフリカ大陸）を制し、世界島を支配する者は世界を制する」。そして、ハートランドの中心を中央アジアに求めたのである。

この考えは、現在でもロシアとウクライナとの緊張関係、ＩＳやサウディアラビアとイランとの政治対決を同じ「場」として理解する上で示唆に富むといえよう。マッキンダーの地理優位思想は誤解されがちではあるが、やはり大事なのは地理が長い歴史的スパンにおいても簡単に変化しない要素だからである。

フェルナン・ブローデルは、歴史学の名著『地中海』（一九四九年）の中で、かつてスペイン帝国の最盛期に君臨したフェリーペ二世時代の地中海を分析するにあたり、地中海の置かれた地理や自然環境から分析している。歴史の変動を考える上で、〝地理〟という不変に近い要素を無視することはできないのだ。ましてや現代のように、地域からグローバルな規模にいたる国際秩序がシーチェンジ（大変貌）ともいうべき歴史的大変動を経験しているときに、地理という基本条件を改めて認識する必要があるのだ。

イランは地中海からインド洋まで、カスピ海からガルフまで

たとえば、イランの政治外交や安全保障を考えるときに、シーア派の広がりだけでなく、地政学的にイラン高原とユーフラテス川との組み合わせという要因を入れないと、イランの独特な政治思考や国益感覚を理解できない。そしてイラクも、イランの地政学的要件をいつも意識せざるをえない構造に置かれている。

古代からのイランの歴史と地政学の基本構図を素描するなら、イラン高原は西にギリシア文明圏につながるメソポタミアとアナトリアが位置し、東に黄河文明を生んだ中国につながる地理が広がっている。それから東南にはインダス文明のインドがある。チグリス川・ユーフラテス川やインダス川に接することで、イランはアラブとインド・パキスタンと分界するだけでなく、カスピ海やアルボロス山脈の北でカフカースや中央アジアの草原と一線を画している。

いずれにしても、ミシェル・カプランのいう「ボスポラス＝インダス」地域、ホジソンが

語った「ナイル＝オクサス」地域の中心を占めるのは、イランだといっても過言ではない。中東を常識的に理解しようとすればアラブを軸に考えればよいが、戦略的に中東を分析するにはイランを重視しなければならない根拠がここにある。

そもそも、今日に至るまで中東と呼ばれる地域は、いろいろと難しい問題を抱えている。そもそも中東（The Middle East）という名称は、アメリカ海軍の戦史戦略研究家だったアルフレッド・セイヤー・メーハンがつくったものだ。メーハンはアジアの係争地という意味でこの中東を重視したのである。そこにはロシアというランドパワーとイギリスのシーパワーとの係争地というニュアンスが感じとれるだろう。私は、こうした中東の位置を拙著『中東国際関係史研究』（岩波書店、二〇一三年）の中で、グレートゲームと東方問題の結節という観点から考えたこともある。

ともあれ、帝国ながら「国民国家」のまとまりを維持したままに分裂を起こさなかった希有な一例がイランであった。イラクとイランとの関係にしても、シーア派という枠だけで捉える政治の狭い枠で分析するには無理がある。イランの戦略性は、大きな中東圏の石油と天然ガスのほぼすべてが、ガルフ（ペルシア湾）とカスピ海域に眠っており、この双方にまたがるのは自国だけだという自尊心に由来する。ロバート・カプランが正しく指摘するように、世界の原油埋蔵量の五五パーセントを占めるペルシア湾の全体を支配しているのはイランなのだ。イラクとの国境地帯のシャット・アル・アラブ川からホルムズ海峡に至るまで一〇〇〇キロメートルほどを押えているイランの湾岸国家という自意識も、対岸のアラブの君主制国家にはたまらないことだ。

イラン人の自意識には、古代のアケメネス朝ペルシア以来、ギリシアのポリス国家やエーゲ海の島々からアムダリヤ川、アフガニスタン、インダス川流域にいたるまで、地中海からインド洋まで伸びていた帝国意識や世界観がある。この二つの海にとって、内海のごとき位置にあるのがペルシア湾ということになる。

イランはどんなに弱体化しても、ユーフラテス川とインダス川の間に挟まれた地域にあり、人工国家でない歴史的な重みと由緒を誇っているのだ。イランという地域の成り立ちは、メソポタミアもイランというヒンターラント（後背地）があってこそ繁栄したことで、その重要性がうかがわれる。反対に、イラン高原もまた、ザグロス山脈（イラン南西部、イラクとの国境付近を南北に走る山脈）の西からメソポタミアやシリアにつながっている。

イランは、南東ヨーロッパからウクライナやロシア、黒海から地中海さらにペルシア湾につながる地域に大きく立ちはだかっている。北を見れば、まさにマッキンダーが述べたハートランド（ユーラシア大陸の中核地域）たる中央アジア、それと唇歯《しんし》の関係にあるカフカースにもじかに接しており、東では中国やインドにもつながっている。イランはペルシア湾とカスピ海の両方に面しているただ一つの国なのだ。

加うるに重要なのは、周囲をすべて核保有国に囲まれている現実である。北のロシア、東北の中国、東のパキスタンとインド、西のイスラエル、そして南のインド洋を遊弋している第五艦隊、つまりアメリカもイランを包囲する核保有国の一つなのである。この強迫観念こそ、イランの安全保障上の危機感を否応なく増し、核保有への衝動が止みがたい原因になっていることは間違いない。

さらにいえば、イランは世界で有数の石油や天然ガスの埋蔵量を誇る資源大国である。天然ガスの埋蔵量は九七〇兆立法メートルで世界二位、石油は一三三〇億バレルで世界三位。それぞれ世界の確認埋蔵量の約四〇パーセントと七〇パーセントを占めている。

こうして、ユーラシアを中間地帯で扼《やく》する地理的重要性は、歴史はもとより、地政学的な意味と現実的な戦略論から見ても、計りしれないものだ。ロシアは、イランの役割を何度も戦争や内政干渉をおこなってきた経験からも十分に自覚している。

最近までイランは、シーア派の国際イスラーム革命の輸出を忘れたことはなかった。ホメイニー以来シーア派は、いまのハーメネイーに至るまで、第一に湾岸地域、次に中央アジアの順番でシーア派革命の輸出を考えていた。しかし、ホメイニーの時代には湾岸中心で考えていたアラブ世界への国際イスラーム革命の構想が、いまやアラブの中心にして楔《くさび》である肥沃な三日月地帯のイラクからシリアやレバノンにも適用されるようになってきた。

さらには、アラブとイスラームの揺籃《ようらん》の地であるアラビア半島はヨーロッパ人たちがアラビア・フェリックス（Arabia Felix　幸せなアラビア）と呼んできたが、いまやアラビア・フェリックスどころか、〝ペルシア・フェリックス（幸せなペルシア）〟に変えようとしている。これは、サウディアラビアには悪夢としかいいようがない事態なのだ。シリアでイランに支えられたアサド政権の存続を絶対に許せないのは、サウディアラビアがイランによる国際イスラーム革命の脅威をひしひしと感じているからだ。

〝西でもなく東でもなく〟とは、イラン・イスラーム革命以来の国是である。これは地政学に裏付けられたモットーでもあった。西の米欧と対決しながらシリアやイラクにおいて平和的な外交解決を謳い、他方で東のロシアと連携しながら軍事的にサウディアラビアなどアラブ世界とトルコに楔を打ち込むことを決して辞さない。

このように、イランがシリア戦争の行方を左右するだけでなく、中東複合危機を自分のペースで解決する二十一世紀の主要プレイヤーとして、世界史に名を刻もうとする野心をもはや隠さないのも、その地政学的条件から発する宿命といえるかもしれない。

聖徳太子の時代に生まれたイスラーム

中東のカオスと無秩序の根本を見極めるには、地政学とともに、中東における歴史、とりわけイスラームの発展と国家と民族という三つの関係に目をこらすしかない。そして、そのときに何より重要なのは、イスラームという宗教へのバランスのとれた理解なのである。

日々報じられるニュースでＩＳが絡んだ戦争やテロを見ていると、イスラームがあたかも暴力と殺人を是とする宗教でもあるかのような錯覚を生んでしまう。実際に、テロリズムを辞さないＩＳのような集団からは、「自分たちの行為こそジハード（聖戦）であり、イスラームの教えに忠実なのだ」と暴力を教義で正当化したメッセージが出されている。

あるいは、イスラーム教徒の多い社会に対して、〝宗教がすべてを支配した中世キリスト教世界〟のようなイメージを抱く人もいるかもしれない。

しかし、そこには多くの誤解がある。たとえばイスラーム教には、キリスト教の神父や牧師のような職業的な宗教者はいないことを、どれほどの日本人が知っているだろうか。誤解をおそれずにいえば、イスラーム社会では、すべての信者が礼拝を通して神に直接つながると同時に、世俗の産業社会でそれぞれが職業をもって暮らす「在家」ともいえるのだ。

イスラーム教で重要な概念は、神の前での平等である。従ってキリスト教のように、教会を通して神に繋《つな》がるという構造にはなっていない。イスラーム教には、ウラマーという法学者や宗教的な解釈者にあたる職業や、礼拝を先導し説教もするイマームの職はあるが、彼らもまた一個の信者にすぎず、特別な階層制に位置づけられた聖職者ではないのである。

七世紀の初めに成立したイスラーム教は、聖徳太子の時代に誕生したにもかかわらず、合理的側面によって信仰と日常生活との両立に無理が少ない一面をもっている。だからこそ、現代においても、世界のあらゆるところで一六億人もが信仰しているのだ。

大文字のイスラームと小文字のイスラーム

戦争やテロ行為を辞さない人びとが依拠するイスラーム教があり、もう一方には、多くの人びとが穏やかに信仰するイスラーム教がある。この極端な違いはどこからくるのか。

私はこれを「大文字のイスラーム」と「小文字のイスラーム」に喩えてみたい。念のためにいえば、アラビア語には大文字と小文字の別はない。これは、あくまで日本語での喩えであり、私が学生だった一九七〇年代から日本の学界ではよく使われていた。最近ではカーラ・パワー著『コーランには本当は何が書かれていたか?』(文藝春秋)でも知られるようになった言葉である。

さて、「大文字のイスラーム」とは、非常に狭い意味でイスラームを厳格に解釈した教義である。自分たちの解釈がすべてであり、他人による説明を認めず、寛容や共存につながる柔軟性を排除する。これがしばしば他宗教や他民族との衝突を生むだけでなく、同じイスラーム教徒であっても、さながら別の宗教や異端でもあるかのように、他宗派・他分派に対する攻撃を厭《いと》わない。

この「大文字のイスラーム」をどこまでも追求すると、他の立場が存続する余地を否定し、他派ひいては社会で平穏に生きている公民を力づくで支配する政治的な運動と重なり合っていく。それが政治化して行き着いた極端な形態こそ、戦争や内戦、テロや性奴隷化といったISの暴力行為だといえよう。

ISやアルカーイダにつながる流れは、イスラーム教の初期から存在している。典型的な集団として、七世紀の後半に派生したハワーリジュ派が挙げられるだろう。ハワーリジュとは「共同体の外に出た者」を意味する。

有名な逸話が伝えられている。あるとき、老人と身ごもっている若い妻がアラビア半島のある場所を横切っていて、運の悪いことにハワーリジュ派の一党と出会った。すると彼らは教義問答を仕掛け、「汝《なんじ》らはハワーリジュか否か」と問いかけてきた。それに対し、「ハワーリジュではない。私はムスリムだ」と答えると、妻の腹に宿っていた生命もろともに二人を殺してしまったというのだ。ハワーリジュが他の考え方や生き方を認めない極端な厳格さと暴力性は、まさにISやアルカーイダに通じるものがあるといえよう。

それに対して、「小文字のイスラーム」は、内面的な日常の信仰である。イスラームとは神（アッラー）に対する絶対的な帰依《きえ》という意味であり、日々、神に祈りを捧《ささ》げ、神にすべてを委ねる謙抑《けんよく》な信仰なのである。

この「小文字のイスラーム」からすると、信者が住む土地や民族によって様々な慣習の違いがあり、個人も職業が違えば、生き方も異なる。しかし、そうした違いを超えて、それぞれがアッラーに祈り、すがるのが最も重要だ、ということになる。

多数派であるスンナ派の根本にある考え方は、信者が罪を犯した場合には、最後の審判の日に神が最終的に裁くのであり、ハワーリジュであれISであれ、現世で人間が決めるのは不遜《ふそん》であり瀆神《とくしん》につながる不法行為だというものだ。

大多数のムスリムは、「小文字のイスラーム」の世界に生きている。他方、いろいろな政治局面において自己主張を曲げない「大文字のイスラーム」も厳然として存在している。この二重性を理解せねばならない。

とはいえ、上からの視点と狭い空間でイスラームを把握する立場は、過去にも繰り返されたように、最終的には家族や職業を日常生活の基礎と考える穏健かつ良識のあるイスラーム解釈にその席を譲らざるをえないのである。

預言者ムハンマドの合理性

イスラームの根本を理解する上で欠かせないのは、神の預言者たるムハンマドの存在である。ムハンマドは五七〇年頃、いまはサウディアラビアのあるアラビア半島のヒジャーズの都市メッカに生まれた。彼は勤勉で誠実な一商人として成長を遂げ、その商才を認めた富裕な未亡人ハディージャと結婚した。彼女は十五歳年上の女性であったが、ムハンマドも政治家でもなければ、法律家でも軍人でもない市井《しせい》の常識人として仕事に就いていたのである。

ムハンマドの人生が一変したのは、六一〇年のことであった。メッカ郊外で身体を圧迫されるような衝撃を受けたのである。どこからともなく届く声を聞く。身体が震える。何が起きたのか、とムハンマドは自殺をも考えるくらい悩んだこともある。それこそ彼に下された神の啓示だったのだ。ムハンマドに与えられた神の啓示は、その死後に『クルアーン』として編集され、イスラーム教徒だけでなく、人類共通の文化遺産として現在まで伝わることになった。

では、その啓示とは何だろうか。ムハンマドは、自分の受けた教えを「イスラーム教」という新しい宗教としてよりも、アブラハム（イブラーヒーム）以降、モーゼやイエスをも含めて連綿として続いてきたセム系世界における預言者の流れに連なる者だという自覚の中で理解した。「唯一の神」（アッラー）が超越的に存在する。それを信じるという意味では、ユダヤ教もキリスト教も、同じセム系信仰の流れの中にある。ただし、ユダヤ教はユダヤ民族だけの宗教として、その教えを狭めてしまった。キリスト教は「三位一体（神、キリスト、聖霊）」という神秘的な教義を一神教に持ち込むことで、人間であり預言者であったはずのイエスを神と並ぶ信仰の対象にしてしまった。その点で、どちらも一神教としては歪《ゆが》んだものになったと解釈するのがイスラームの立場である。

対照的に、ムハンマドは信仰における合理性と説明可能性を重視する。ムハンマドはあくまでも人間であり、神の僕《しもべ》にすぎない。しかし、神の言葉を預かったことで、一神教の伝統を本来の道筋に戻して啓示を歪めず正しく解釈する使命を担ったのだ、と。いまはユダヤ教徒、キリスト教徒を名乗っている人たちも、謙虚に神の声を聞くことで、いずれは本来の一神教を受け継いだイスラームの教えに帰依する、と考えたのであった。

はじめ、啓示を受けたムハンマドに従ってイスラームに入信したのは、妻のハディージャと初代カリフになるメッカの長老アブー・バクルである。まもなくムハンマドの従弟で後に娘ファーティマの夫となるアリーも加わった。やがて少しずつ広まって、ウンマという信仰共同体が成立し、二〇年ほどのうちに、イスラームに帰依する集団はアラビア半島を統一するまでになったのである。

サーサーン朝ペルシアとビザンツ帝国

では何故に、これほど短期間にイスラームが広まったのか。それを理解するには、当時のアラビア半島への地政学的な理解が不可欠である。

ムハンマドの頃のアラビア半島は、東にイラン高原を中心としたサーサーン朝ペルシア、西にアナトリアからシリアに張り出したビザンツ帝国という二つの巨大な帝国に挟まれていた。

サーサーン朝はゾロアスター教などに由来するマニ教を生み出し、その支配領域は西の彼方トルコのアナトリア地方から東はアフガニスタンにまで及んでいた。奈良の正倉院にもペルシアからの到来品が収められている。これもサーサーン朝時代の遺品が多い。

一方、ビザンツ帝国はローマ帝国の後継国家として、イタリア半島、北アフリカ、イベリア半島の一部まで支配権を樹立していた。そして、シリアやエジプトをめぐって、サーサーン朝と激しい争いを繰り広げていた。

アラビア半島と肥沃な三日月地帯が置かれていた政治状況は、この両大国から受ける凄まじい専制支配と抑圧という現実であった。戦乱が絶えなかったばかりか、重税を課せられるなど、苛《か》斂《れん》誅《ちゅう》求《きゅう》の限りを尽した両帝国の取り立ては人民の苦悩を深める一方であった。しかも、税を払っても、見返りがない〝やらずぶったくり〟ともいうべき専制支配であり、一方的な搾取に甘んじなくてはならなかった。

アラブ民族の内部に目を向ければ、諸部族が分裂し、数十人から数百人という規模での戦いが続いていた。それによって、主な働き手である成年男子が数多く死んでしまう過酷な現実に直面して、残された家族の生活、やもめによる育児をどうすべきかが大問題となった。現在の言葉でいえば、社会福祉や母子支援こそ政治と社会の解決すべき重要領域になったの

イスラム教の拡大とウマイヤ朝

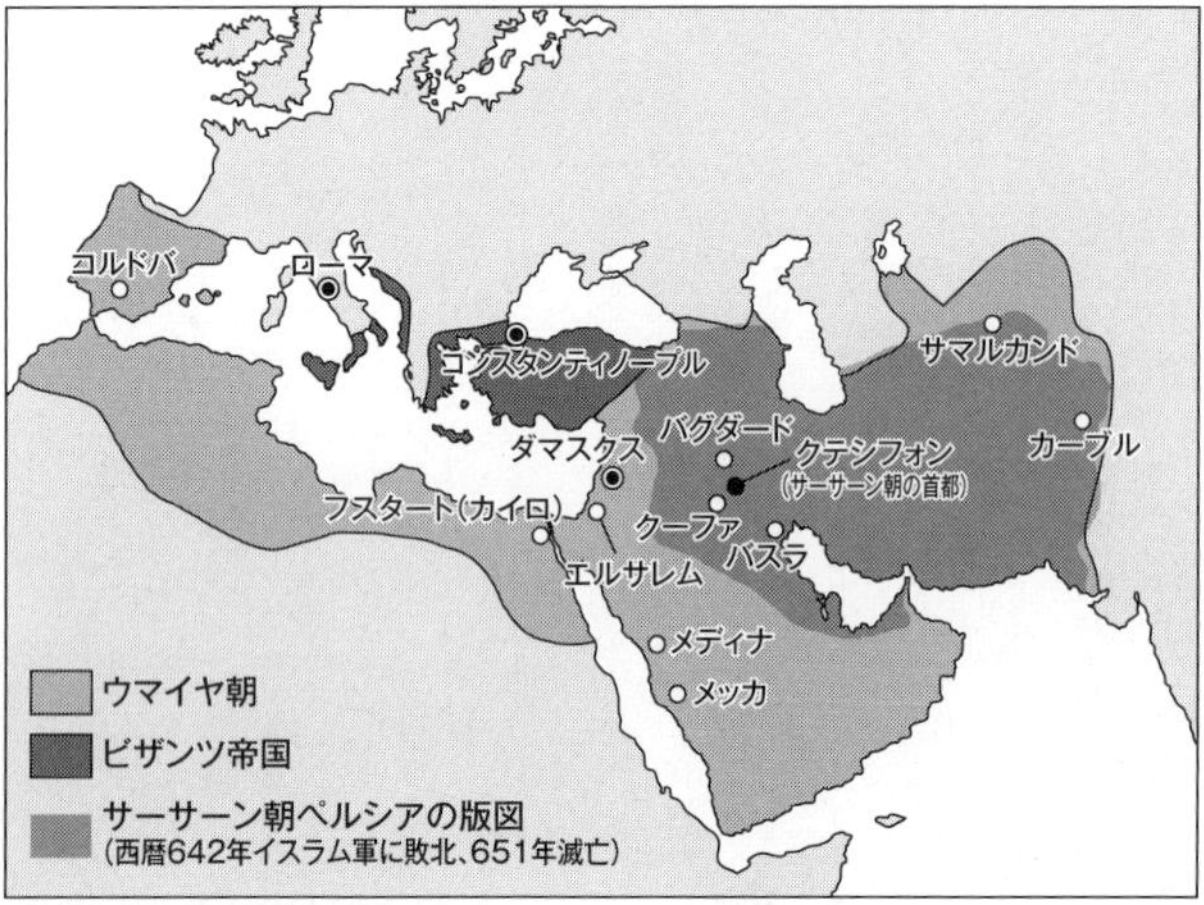

である。

当時のアラビア半島では多神教も信じられていたが、苛烈《かれつ》な状況の中で、社会的無秩序や、道徳的頽廃も広がりを見せていた。この時代はアラブの歴史家によって「ジャーヒリーヤ」つまり無明の時代と呼ばれることが多い。

当時のアラビア半島には、クライシュ族という名門貴族があり、ムハンマドの実家であるハーシム家もその分流の一つだった。しかし、彼らは特権的な地位を享受しながら、社会に根を張る差別や貧困の問題に背を向けて、自分たちが果たすべき社会的責任や義務をなおざりにしたのである。いわばノーブレス・オブリージュを欠如していたのである。

そこに蓄積された人びとの不安、不満を解決し、救いを求める気持ちこそ、ムハンマドが神から受けた啓示が広く支持を受ける素地になったといえよう。

ムハンマドの多彩な能力の発揮

ムハンマドは、唯一神アッラーから啓示を受けた預言者あるいは使徒である。それは、やがて宗教の開祖者とされるにいたったキリスト教のイエスや、仏教の釈迦とは異なる存在である。

違いはそれだけではない。実在した歴史的人物として三人はいずれも傑出した宗教リーダーであったが、ムハンマドだけは信仰や社会や政治が一体となった共同体（ウンマ）の最高指導者でもあった。ムハンマドは、『クルアーン』の啓示のうちほぼ六割をメッカで受けている。しかし、イスラームと呼ばれることになる信仰が現在のような世界宗教に成長したのは、メッカでなく西暦六二二年にヒジュラ（聖遷）でメディナに移った以降のことである。

ムハンマドはメディナにおいて、イスラームでいう最後にして最大の預言者として、単に信仰者の精神を支えるだけでなかった。彼は、膨張した信徒の共同体の経営、メッカのクライシュ族のように外から預言者と信仰を脅かす敵、共同体内部で起きる窃盗《せっとう》や姦通《かんつう》や遺産相続をめぐる紛争などにも、適切な対応を迫られた。メディナにおけるムハンマドは、さながら宗教者に留まらない役割を果たすことになる。

そして、この点こそ彼をイエスや釈迦のようなほかの宗教リーダーから際だたせる結果にもなった。まさに、「ムハンマドのなかにあった多様な能力が突如として、統治、軍事、立法、司法、行政、調停、外交などの諸分野で、次々と開花していくことになった」（小杉泰『ムハンマド』山川出版社）。

まずムハンマドがいちばんに語ったのは、神の前の平等性である。多くの人が貧富の差に苦しむ中、神の前では誰もが地位や収入に関わらず一律に服従する点で、職業の尊卑や収入の多寡《たか》は問題とはならない。たとえば、断食（ラマダーン）の義務は、お金をもっている人もそうでない人も関係なく、誰もがおこなわなければならない。すこぶる具体的な形で、神の前での平等を表すものであった。

そしてムハンマドは、六信五行というわかりやすい神の教えを示す。六信とは、「アッラー、天使、クルアーン、預言者、来世、予定の六つを信じよ」という啓示の尊重であり、五行とは、「信仰告白、礼拝、喜捨、断食、巡礼の五つを果たせ」という義務を課したことである。ことに喜捨（サダカ）は、生活に苦しむ寡婦、孤児、老人、病人などに対する社会救済の基盤を支えるものとなった。イスラームの特色として有名な一夫多妻制も、もともとは戦争で伴侶《はんりょ》を亡くし、子供を抱えたまま生計が苦しくなった女性を救済する社会保護の意味あいが強かったといわれる。

さらに大きな意味をもったのは、ムハンマドが指導したイスラーム共同体の統治地域では、ムスリムになれば地税（ハラージュ）を納めればよく、人頭税（ジズヤ）は払わなくてよいという画期的な税制を施行したことであった。

このように、ムハンマドが伝えた神の教えに基づく施策が人間の平等と弱者の救済に重点を置いたことは、改めて確認する必要があるだろう。

小文字のイスラームの厳しさ

イスラーム共同体が広がるにつれて、メッカのクライシュ族有力者たちやユダヤ教徒など、ムハンマドに敵対する勢力も現れた。それに対抗するために、ムハンマドは軍事的リーダーとして多くの戦いに臨んだ。しかし、「敵が降伏したら許す、犠牲者は極力少なくする」という方針は一貫していた。たとえば、メッカへの巡礼を妨害されたときにも、ムハンマドは「巡礼は争ってするものではない」と、妨害していたメッカの有力者たちと和解の取り決めを結ぶ。これをフダイビーヤの和約といい、イスラーム史で初めて経験した外交交渉と条約締結とされるが、それが避戦のための譲歩だったことは特筆すべきであろう。

　現在、ＩＳに限らずイスラーム過激派においては、ムハンマドの軍事的指導者の側面を強調するあまり、信仰のための戦い、「聖戦」としてのジハードがバランスを失するほど前面に押し出されがちである。だが本来、ジハードとは「信仰のために努力する」ことを意味する言葉であった。信仰を妨げる者を力ではねのける、というのはジハード概念の一部にすぎないのである。

「小文字のイスラーム」というのは決して卑小なイスラームを意味しない。それどころか毎日、未明に起き夜までの間に五回の礼拝を規則正しくおこない、毎年決まった月に断食を守り、ときには巡礼の義務さえ誠実に果たすことは簡単ではない。真剣に神への絶対帰依を続けることは、性急に暴力やテロで問題を解決したかのような幻想に浸るよりも、よほどに忍耐力と持続性の要求される行為であるはずだ。

　本来、イスラームが何を目指していたのかを捉え直すには、ムハンマドの生き方の理想とリアリティを、全体としてバランスよく理解する努力が非信者の日本人や米欧人にも必要となるだろう。

第四章 スンナ派とシーア派

――分裂から抗争へ

イスラーム分裂の試練

ムハンマドの死後も、イスラーム共同体は広がり続けた。まもなくアラビア半島から出てチグリス川・ユーフラテス川からエジプトのナイル川にいたる肥沃な三日月地帯、北アフリカにまで拡大していった。しかし、ムハンマドという「最大にして最後の預言者」を失ったことで、イスラーム共同体は大きな変化を余儀なくされる。

確かにムハンマドは宗教指導者であるのみならず、政治と軍事のリーダーでもあった。しかし、それはあくまでも神の啓示を正しく人間社会に伝えるために必要な属性であり、彼の裁定は啓示を通して伝えられた神の意志を反映していたからである。

ところが、彼が死ぬともう神の言葉を預かる者はいない。当然のことながら、何が神の意志なのかをめぐって共同体でも混乱が生じることになる。

まず「神の預言者の代理人」という意味をもつ「カリフ」が信徒たちの長としてイスラーム共同体を統率することになった。初代として選ばれた正統カリフは、ムハンマドに接して最初の信者となったアブー・バクルその人であった。他方、『クルアーン』を編集して、ムハンマドが伝えた神の啓示を信仰の規範として整備しようとする動きも生まれた。また、ムハンマド自身の言行が「スンナ」として啓示に次ぐ規範として重視され、この言行録が「ハディース」としてまとめられたのである。スンナ派という名称はこれに由来しており、スンニーはスンナの徒という意味になる。『クルアーン』という根本経典と、『ハディース』つまり預言者による教義解釈に接することで、神の意志を正しく判断する根拠と道筋が確立されたのである。

この後、四代目まで正統カリフ時代は続くが、二代目以降はすべて暗殺など非業の最期を遂げている。つまり、カリフが代理人である以上、どうしても信徒による信頼性に揺らぎが生じ、派閥が生まれることは避けられなかったともいえよう。

先に言及したハワーリジュ派も、四代目カリフのアリーが敵対するウマイヤ家のムアーウィヤと不必要な政治的妥協をおこなったとして、アリーを殺害し、共同体の外に出ていくと高言し実践したことから「ハワーリジュ」（外に出た者、退去した者）と呼ばれ、単数形でハーリジー派とも呼ばれるにいたったのである。

いちばん大きな対立となったのは、初代から四代までのカリフを認め、ムハンマドの言行たるスンナに忠実に生きるのが重要だと主張したスンナ派と、四代目のアリーのみ正しいカリフと認め、ムハンマドの血筋を、専門家の用語法を借りれば、「お家の人」として重視するシーア派との対立であった。シーアというのは「派」という意味であり、本来は「アリー派」と他者から呼ばれているうちに、党派主義者や分派主義者という意味でシーアという名辞が残ったとされる。

シーア派の歴史は悲劇に被われている。

ムハンマドは男の子が早世したので、女の子供しか残らなかった。その一人ファーティマと結婚したのが、ムハンマドの従弟《いとこ》だったアリーである。つまりアリーは、ムハンマドと二重に血と婚姻《こんいん》でつながったわけである。

だがアリーは、六六一年に暗殺されてしまう。アリーとファーティマにはハサンとフサインという子供がいた。しかし、そのうち弟のフサインは六八〇年に、七〇人ほどの仲間と一緒に砂漠を横切ってイラク南部のクーファという町に向かう途中、イラク中部に位置するカルバラーで、のちにウマイヤ朝の第二代君主としてカリフを名乗るヤズィードに四〇〇〇の兵力で襲われ、問答無用とばかりに虐殺される傷ましい事件が起きた。

このとき、クーファの人たちはフサインを救うことができなかった深い痛恨の念と、ヤズィードとスンナ派への怨恨や憎悪をもつことになった。彼らシーア派には笞《むち》や刀で自らの身体を傷つけるアーシューラーの追悼儀式があるが、それは預言者の愛孫フサインを亡くし、自らも暗殺されたアリーら「お家の人」の痛苦と悲痛を疑似体験するためのものだ。

いまシーア派が多数を占める国には、イランを筆頭に、バハレーン、イラク、アゼルバイジャンなどがあるが、現代でもシーア派の演劇には、小学校の学芸会から大人の芝居にまで、憎々しい顔をしたヤズィードが必ず敵役として登場する。そして、偶像崇拝は禁止されているのに、シーア派ではしばしばアリーやフサインの似顔絵は例外的に人気を博し、眉目秀麗な美男子として描かれることが多い。もちろん二人の顔は想像上のものだ。

しかも、いまイランの多数派を占める十二イマーム派では、父の死後に姿を消してしまった十二代目のイマーム（シーア派におけるカリフ）が将来、マフディー（救世主）となって再臨すると信じられている。シーア派は色とりどりの悲劇や独特な陰影が織り込まれている宗派なのである。

正統カリフの時代は、暗殺の横行する混乱と分裂も経験している。これは、スンナ派とシーア派の対立として、イスラームの現代史でも終わっておらず、シリア戦争における双方の苛烈な敵対に綾を添えている。二〇一六年一月のサウディアラビアとイランとの国交断絶は、両派の厳しい対立を白日の下にさらした。

ウマイヤ朝でさらに進んだ宗教の政治化

さて、イスラーム教の代表的な王朝として、ウマイヤ朝、アッバース朝、それにトルコ人の建てたオスマン朝（帝国）における信仰と権力との関係を考えれば、ＩＳはじめ現代イスラームの宗教と政治との連関についても参考になるだろう。

六六一年、イスラーム教徒が建てた最初の王朝がウマイヤ朝（六六一～七五〇年）である。四代目カリフだったアリーの没後、自らカリフを名乗ったムアーウィヤは、先に触れたクライシュ族のウマイヤ家の出身である。ムハンマドの秘書役として活躍した人物であるが、カリフの座をめぐってアリーと激しく対立していた。

このウマイヤ朝において、カリフ職は完全に変質していく。宗教指導者を中心とする役割よりも政治の最高責任者たる君主の性格を強めていったのである。これ以後、ウマイヤ朝でもアッバース朝でも、歴代のカリフは血筋の者に世襲化される。

史料によれば、ムアーウィヤはキリスト教徒に書記の仕事を依頼し、警護の役人には槍をもたせたという。また、人びとの給料から救貧税を徴収し、臣民を見下ろしたとも書かれている。つまり、自分の身辺を護る者を置いたのは、歴代正統派カリフの暗殺もさることながら、周りのムスリム同胞を信用しなかった証しでもある。

それまでのカリフは預言者の代理人という重職ではあるが、イスラーム共同体の一員として、信者たちと親しく交わり、警護も隔たりもなく行き来していた。しかし、この無防備さをついて暗殺というテロが生じたのである。ムアーウィヤは、イスラーム史上初めて、身辺に見張り、門番、警察を置くカリフになった。これは暗殺を恐れたからにほかならない。

ウマイヤ朝で顕著だったのは、仮にムスリムであっても他民族をアラブ人が支配し優越したことである。同じイスラームでもアラブ人でない者は「マワーリー」と呼び、人頭税を課すなどの差別を広げたのだ。これは神の前での平等を何より大事に考えたイスラームの教えに反する行為だったに違いない。つまり、本来のイスラーム、ひたむきに唯一の神に帰依する信者たちの共同体は、決定的に変質して王朝国家に統合されたといえる。これはイスラームにおける宗教の政治化を進めることになった。

ウマイヤ朝は、版図をさらに広げ、西はジブラルタル海峡を越えてアンダルシア（スペイン）まで入り、北はビザンツ帝国と戦っている。東は中央アジアを進んで、サマルカンドまで支配する大帝国に成長していった。その中心地はシリアのダマスクスであった。

ウマイヤ朝にとって代わったのは、アッバース朝（七五〇〜一二五八年）である。ウマイヤ朝の治世下では、非アラブ人への差別を受けて、イラン人の間でも大きな不満が渦巻いていた。そこにシーア派の反乱が重なり、七四九年から七五〇年にかけて、ムハンマドの叔父アッバース・イブン・アブドゥルムッタリブの曾孫であるアブー・アル＝アッバースを初代カリフとするアッバース朝が成立したのである。

アッバース朝と東西文明の融合

バグダードを首都とするアッバース朝は、一二五八年、モンゴル帝国に倒されるまで、五〇〇年近く続く本格的なイスラーム王朝であった。アッバース朝はアラブ人の王朝でありながら、多くのイラン人を国家官僚として登用し、ムスリム間での差別を撤廃した。もともとイラン人はアケメネス朝、サーサーン朝以来の高い文化、ことに詩など文学の伝統をもっており、それを帝国の運営に役立てたのであった。

そして、イスラーム法（シャリーア）が国家の正統性の根拠として位置づけられ、法学者（ウラマー）が裁判官も務めるようになる。つまり、イスラームを国家統一の本格的な拠りどころとしたイスラーム帝国として発展していったのである。

アッバース朝の国際的な性格は、その時代を描いた『アラビアンナイト』を繙《ひもと》けば、たち

8世紀後半のユーラシア勢力図

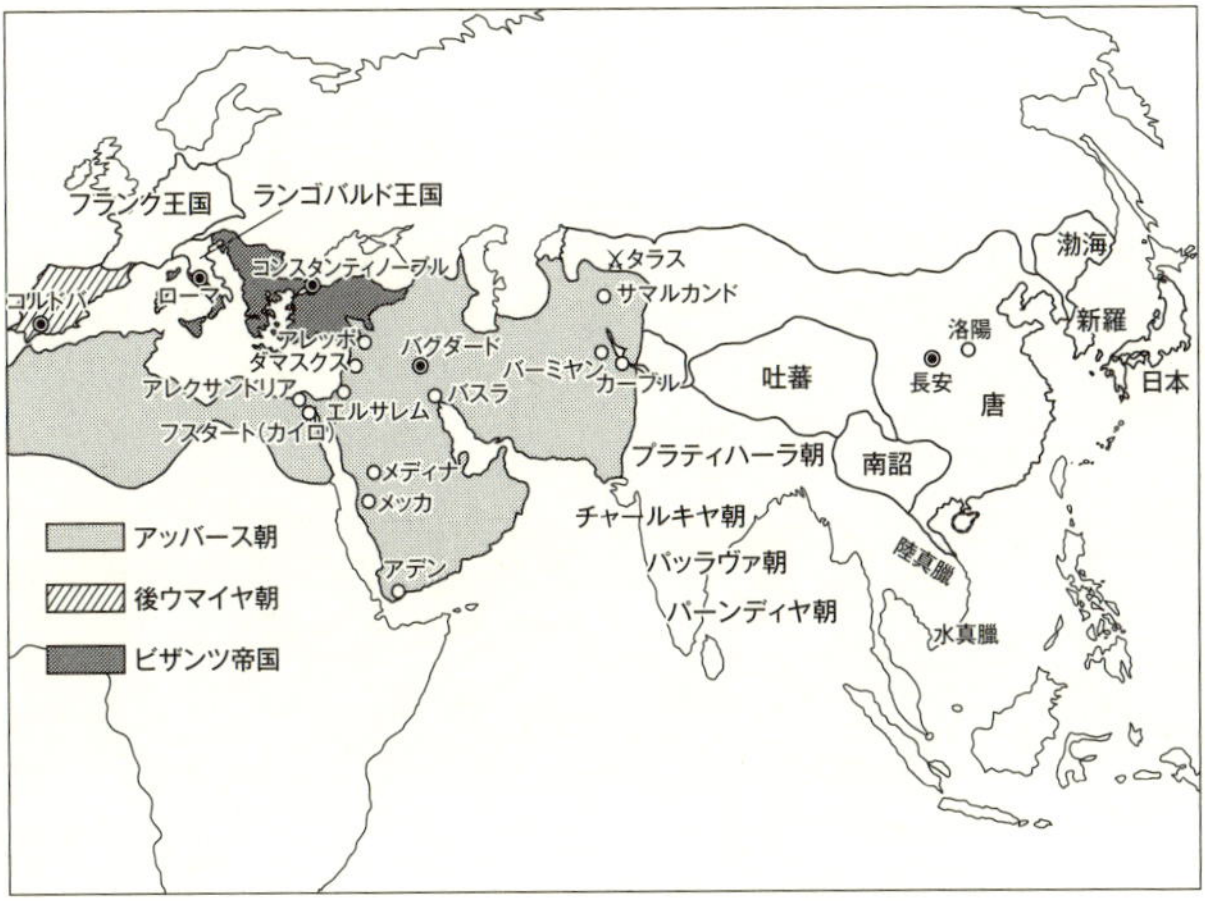

どころに目に入ってくる。当時、世界最大の人口を擁した首都のバグダードの四方には門が設けられ、そこからビザンツ（コンスタンティノープル）、メッカやメディナ、インド、そして唐にまで向かう道が延びていた。バグダードは、ユーラシア大陸の交易網の中心として、各国の産物、文化、情報が集積する地政学的な最重要地であった。

西では、カール大帝率いるフランク王国と使節を交換し、友好的な外交関係を築き上げ、東では現在のキルギス共和国あたりまで進んで、中央アジアで唐の軍隊とも激突するにいたる（七五一年のタラス河畔の戦い）。このときに捕えた唐の捕虜から製紙法が伝えられ、イスラームの社会、ひいては西方世界に紙がもたらされたのは有名なエピソードであろう。

またイラン、ギリシア、インドなどの文明が融合することで、高度な科学・文化も生まれた。ソーダとカリを初めて区別してアルカリの概念を生むなど近代化学の基礎を築いたアブー・マンスール・ムワッファク、代数学を確立したフワーリズミー、医学のアル・ラーズィー、などを輩出したのも、このアッバース朝の時代にほかならない。

ヨーロッパを中心に歴史を見がちだった私たちにとって、この時期の世界文明の中心的存在はアッバース朝に代表されるイスラーム世界だった事実を忘れてはならない。そして、その強大な帝国の統合の核として、イスラームは政治的にも重要な役割を担ったのである。

イスラームの宗務構造を官僚化したオスマン帝国

ウマイヤ朝、アッバース朝はともにアラブ人の王朝であったが、それに対し、一二九九年、トルコ民族によるオスマン帝国（一二九九～一九二二年）が誕生する。ここで、カリフの位置づけはまた大きく変わることになった。

高校の教科書などでは、オスマン帝国の国制はスルタン・カリフ制だったと書かれることが多い。このスルタンとは軍事的指導者の意味で、アッバース朝の末期、北のトルコ人を傭兵として雇い入れ、軍事権を任せたときに与えた称号であった。そして軍事的な実力をつけたトルコ系の民族が、セルジューク朝（一〇三八〜一一五七年　※一部は一三〇八年まで）やオスマン朝を帝国として築くのである。

ここで大きいのは、アラブ系とイラン系という中東の勢力争いの中に、トルコ系民族が登場したことだろう。

テュルク系民族（トルコ系民族）というのは、もともとは北アジアに勃興し中央アジアを中心とした遊牧民であった。当時のトルコ人にしてみると、自分たちはアラブ人のように『クルアーン』が書かれたアラビア語でやすやすと祈りを唱えることもできず、ペルシア人のように偉大なる芸術を愛する民族でもない。そこで「トルコ民族とは軍《いくさ》の民族である」として、戦士集団だと自任することにアイデンティティの基礎を求めた。とはいえ、大帝国を統治するには、軍事的な実力だけではやはり足りなかった。そのため、自分たちの出自にない正統性を求めて、カリフの称号を必要としたと説明されることが多い。

しかし、戦士集団だったトルコ人のスルタンたちがカリフの称号を名乗ったところで、イスラームの指導者など務まるわけもない。そこでイスラーム教の解釈をおこなう法学者（ウラマー）のトップに、「シャイヒュル・イスラーム」（イスラームの長老）という最高官職を設けて、文官つまり行政官僚機構に組み込んでいった。イスラームにカトリックやローマ教皇庁におけるヒエラルヒー（階層制）のような制度があると錯覚させるのは、オスマン帝国の宗務行政が国家機構として整備された点とも無縁ではない。

その国家機構のトップに置かれた「ワジール」（宰相）、「サドゥラーザム」（大宰相）と並んで帝国の支配機構を担ったのは、シャイヒュル・イスラームだったのである。こうしてイスラームの宗務構造を官僚化した国家こそ、オスマン帝国であった。

アタテュルクと世俗主義共和国

重要なのは、このオスマン帝国から、中東で最初の近代化あるいは西欧化を目指す革命が起きたことである。

二十世紀に入って、オスマン帝国は第一次世界大戦で敗戦国となり、国土の大部分はイギリスやフランスに割譲されてしまった。さらに、かつて支配し「レアヤー」（従属民族）と見下していたギリシャ人に国土を占領された屈辱をバネにして、あちこちで独立戦争と呼ばれる祖国解放運動が勃発する。

そのとき、オスマン帝国の軍司令官だったムスタファ・ケマル・アタテュルクは、スルタン制とカリフ制をともに廃止するトルコ革命を断行したのであった。

　イスラームを国教とせず、アラビア文字からラテン文字にアルファベットを変え、アラブとつながる歴史を一挙に切断してしまった。また一夫多妻制も禁止し、一九三四年には選挙を通した女性の参政権も認めた。つまり、イスラーム圏における最大の問題、政教分離と女性解放を一挙に実現したのである。こうして、政治と宗教の分離、教育と宗教の分離を果たした。イスラームは政治と切り離され、個人の信仰の領域で信心の自由を認められることで「小文字のイスラーム」となる根拠を得たといえる。

トルコ革命の指導者ムスタファ・ケマル・アタテュルク（中央右）は政教分離を実現し、ラテン文字化も進めた

　もっともイスラーム世界で、ヨーロッパのような政教分離が難しかったことには、大きな理由もあった。それはイスラームがもともとキリスト教よりも世俗化され、現実の功利

や利益を否定しない宗教だったことである。

教会と聖職者が神への信仰の道を独占していたキリスト教世界では、民衆の上に立って教えを説く教会を否定し、神の存在を相対化せずに近代を迎えるのは困難であった。地上の支配と天上の支配を分離することが必要不可欠だったともいえる。

しかし、イスラームでは、ムハンマドをはじめ、すべての人間が、いわば最初から地上においてタテマエでは平等であり、教会のような媒介機構もない。地上では世襲化されたカリフやスルタンといった君主が君臨したとはいえ、人びとが日常生活を送る際に、それに立ちふさがる教会権力が存在しなかったのだ。従って、あえて政教分離の意義を強調する必要性を感じなかったともいえる。

いずれにせよ、カリフ制の廃止という力技も含め、西洋化に類似した近代化に挑戦したトルコは第二次大戦後に多党政治や経済成長を実現し、NATO（北大西洋条約機構）にも加盟し、欧州連合（EU）にも準加盟国として参加していく。

しかし問題は、かつてオスマン帝国に属した中東のアラブ世界が、イラクやシリアやエジプトといった肥沃な三日月地帯やその外にあったリビアやイエメンにおいても、トルコ革命が示した近代化のモデルと異なる軍人優位の共和国にこだわり続けたことだった。それは、普通選挙制を導入しても管理された選挙であり、統治者の終身任期や世襲にこだわる独裁制や権威主義の共和国であり、アラブの春によっていずれは清算される政治体制だったのである。

他方、中東における近代化の推進者トルコでも、エルドアン大統領が内政と外交の失敗を糊塗《こと》するために賭けに出た二〇一五年十一月一日の総選挙で圧勝し、さながらプーチンのような「現代のツァーリ（皇帝）」に倣《なら》って、「現代のスルタン」になろうという野心を隠していない。ここから中東の複合危機はますます複雑さを極めるようになった。

トルコもシリアはじめアラブ世界と同じように深刻なカオスに陥るのか否か、トルコの実践してきた民主主義の未来には予断を許さないものがある。その分析は後に譲ることにしよう。

「国民国家」としてのサファヴィー朝

現代中東の問題に入る前に、もう一つ重要な地域として、地政学に関連して既述したイランについて再び触れておきたい。

イランは古代から高度な文明の発信地であった。私の世代の世界史教科書では、ペルシア戦争（前四九九～前四四九年）が大きく取り上げられ、「東方の専制国家に対して、ギリシアのポリスが自由と民主主義を守った」という米欧中心主義の歴史観が教えられていたが、実際には当時のアケメネス朝は世界そのものといっていい大帝国であった。彼らから見ればペルシア戦争などは、ギリシアという帝国周辺部の小さな町々の反乱鎮圧に失敗した、という象が蚊に刺された程度のものだったというのが現代イラン人の言い分のようだ。こうした地中海国家だった歴史の伝統と自尊心は、いまのイラン・イスラーム共和国にまで受け継がれている。

もう一つ重要なのは、イランがイスラーム世界全体では少数派たるシーア派の国家だということである。それがイランの強い求心力を生む原因になっている。

シーア派を国教として採用したのは、十六世紀の初めに成立したサファヴィー朝（一五〇一～一七三六年）であった。サファヴィー朝はイラン高原に成立した久方ぶりのイラン人中心の王朝国家であり、アラブ人やモンゴル人やトルコ人による浸食をはねかえして、シーア派を信奉するイラン人が統治権を回復した「国民国家」だったのである。その後、現代イランに相当する版図を維持したまま国家分裂を起こしていない。これは、まさにヨーロッパ人が近代史で使った「国民国家」のはしりといえなくもない。

イラン高原という地理的なまとまり、古代のアケメネス朝から続く歴史意識、シーア派という宗教的な核、さらには南東ヨーロッパからウクライナとロシア、地中海から黒海へとつながる地域を扼する地政学的重要性。この四つが備わっているイランは、現代の中東にあって、非常に強烈な存在感を示している。その地政学的な基本条件はサファヴィー朝の時点で整ったといえるだろう。

パフラヴィー朝は「公正さ」を欠いた

サファヴィー朝から、ガージャール朝（一七九四～一九二五年）を経て、軍人レザー・パフラヴィーがクーデターによって樹立したのがパフラヴィー朝（一九二五～一九七九年）である。

ロシア帝国の指導でつくられたカザーク（コサック）旅団の将校から立身したパフラヴィー朝初代国王レザー・シャー・パフラヴィーは、同じ軍人だったトルコのアタテュルクを尊敬し、共和国の独裁者になってトルコの近代化に倣おうとする。しかし、オスマン帝国では国家の衰退とともに、国家機構の一部だった宗務組織も弱体化し、政教分離改革に大きな抵抗を示せなかったのに対し、イランの十二イマーム派は王朝権力から独立した勢力として、依然として強い生命力を保ち続けていた。十二イマーム派は、九世紀に第十二代イマーム（シーア派指導者）が幽隠《ガイバ》に入り、いつかこの世に再臨し正義と公正をもたらすと信じる。サファヴィー朝時代に十二イマーム派は、確固たる法学解釈などの権益を岩盤のように作り上げていた。アリーやフサイン以来の歴代イマームに敬虔《けいけん》で純粋な尊敬心を抱く十二イマーム派にとって、欧化政策は受け入れがたいものであった。

米欧へのキャッチアップを急ぐパフラヴィー朝のイラン社会には、第二次大戦後、イギリスやソ連の絶え間ない外交工作や、アメリカというイランには新規参入者の原油取引の増大によって、外国の資本が入ってくるようになった。町には米欧の女性ファッションに象徴される「頽廃」がはびこり、シャフレ・ノウ（新しい町の意）という公娼地区（一五〇〇人の女性がいた）まで認可され、外国発の消費文化が繁盛した。当然、そのような状況に対する強い反発が生まれることになった。

市民の決定的な反発を呼んだのは、民主化を進め、一九五一年には石油の国有化を断行した改革派のモサデク首相に対し、第二代国王モハンマド・レザー・パフラヴィーが米ＣＩＡと謀って、失脚させてしまった醜聞であろう。イラン国民が受けた失望には大きいものがあった。石原慎太郎の小説『挑戦』は、米英など国際資本の厳しい制裁に直面したモサデクか

パフラヴィー王朝初代レザー・シャー・パフラヴィー（左）と、その息子でイスラーム革命で亡命したモハンマド・レザー・パフラヴィー（右）

ら原油を買付けた出光佐三をモデルにしたものだ。

イスラーム世界には「公正こそ統治の基礎」という言葉がある。神の前の平等と並んで、司法でも行政でも、あるいは教育やビジネスの場においても、ムスリムが最も重視するのは競争の機会へチャレンジできる公正さなのである。

石油や天然ガスによって、富は外国からたくさん入ってくる。それが公正に分配されていない。しかも、権力者は外国の傀儡《かいらい》となっている――。こうした民衆の不満に形を与えたのが、十二イマーム派の法学者ルーホッラー・ホメイニー師による一九七九年のイラン・イスラーム革命であった。

ホメイニーは、十二イマーム派の法学者として、現世から隠れているイマームが戻るまで自分たちが支配に責任をもつ原理を正当化する「法学者の統治」理論をひっさげて、政治の世界に登場してきたのである。彼はイラン・イスラーム共和国を樹立し、パフレヴィー国王は前後して出国しエジプトに亡命したのであった。イラン革命の起きた一九七九年こそは、ソ連軍のアフガニスタン侵攻、イスラーム過激派のメッカ大モスク占拠によるワッハーブ派サウディアラビア王国との正面対決など、イスラームの歴史と政治のコースを大きく変える事件が多発した年になったのである。

ムハンマドの使命感に反する現実

ここで注目すべきは、イラン革命が起きた背景と論理は、アラブはじめ現代中東の多くの国々にもあてはまる、ということである。

チュニジアのベン・アリー元大統領、エジプトのムバーラク元大統領、リビアのカダフィー大佐、イエメンのサーレハ元大統領、シリアのアサド大統領親子……。いわゆる「アラブの春」が起きた国々のリーダーたちは、いずれも公正さを欠いた統治をおこなった独裁者であることは間違いない。

では、こうした現状はいかにして変えられるのだろうか。大きくいえば、そこには二つの選択肢が考えられる。

第一は、大きな政治的カオスを作り出して、対立の軸と構造を深めながら、革命や内戦を辞さない急進的な姿勢で、政治状況を変えていくことである。しかし、これは現在、シリアやリビア、エジプト、イエメンで起きているように、新たなアナーキーや内乱を惹起《じやっき》して留まるところを知らず、それがISのような存在を生むことにつながっている。

第二は、静寂と穏健な信仰に依拠しながら、ムスリムとして正しいと信じる日々の生き方を求めることで、人間や社会を漸進的に変えていく立場である。イスラームの信仰を正しく守りながら、穏やかに選挙や自治を通して、また個人の自主自尊の心を確立することで、社会を正すことは可能ではないか、と考える人たちもいる。

つまり、「大文字のイスラーム」と「小文字のイスラーム」という形で表現される二つの道の選択や葛藤の中で、中東はじめイスラーム世界は苦悩しているともいえるだろう。

もっと俯瞰《ふかん》すれば、皮肉な現実もそこに見えてくる。

アルカーイダやISは、米欧のモダンな文化や風俗、政治経済に反発して、プレモダンなイスラームの政教一致国家に回帰しようと唱えている。しかし、彼らのポストモダン的な手法は、米欧の科学や技術、兵器やサイバーを使い、米欧ひいては日本のメディアを攪乱《かくらん》することでしかない。どれほどイスラームへの回帰を唱えてみても、結局のところ、米欧の文明や技術的手法から逃げられないという、大きなアイロニーがあるのである。

また彼らが軍事力によって占拠した土地から、シリア人はじめ多くのムスリムが離れて難民になるのを意に介さないとすれば、預言者ムハンマドが戦乱の地に平和と安定をもたらした歴史的使命感とは逆の現実がイスラームの名で出現しているといわなくてはならない。何という逆説であり、何たる悲劇であろうか。

第五章　慈悲深き宗教者、前向きの政治家

――政事と軍事のバランス感覚

ＩＳは「カリフ国家」なのか

現代の中東複合危機やポストモダン型戦争を考えるとき、一方の主役となっているＩＳについて考えてみたい。

まず、ＩＳとはいかなる組織なのかを探るために、ＩＳ誕生の背景としてシリアの歴史的状況について見ておく。「イスラーム国」を自称する集団は、中東全域そしてアラブ地域に住む人びとを恐怖のどん底に陥れる単なるテロ組織にすぎないのか。それとも、名は体を表すように、アラビア語で「ダーイシュ」と略される「イラクとシリアのイスラーム国」は、さながらイラクとシリアを横断する「国家」なのだろうか。

ありようは、事実としてＩＳが二つの性格を併有することが中東情勢を複雑にした要因なのである。

ＩＳは、もともとイラクのアルカーイダ系の組織に由来しており、スンナ派のジハーディズム（イスラーム・テロリズム）を信奉する集団であった。いまの段階で必要なのは、その出自を細々と詮索《せんさく》することではない。ＩＳはアラブの春に起因する反アサド政権の運動が多発したシリアの内戦にイラクから参加することで勢力を伸ばした。しかも、スンナ派中心の

シリア北部ラッカで、車に乗って行進するＩＳのメンバー。2014年7月1日にWebに掲載されたビデオ映像より（写真：AFP＝時事）

反政府運動内部でも内戦が生じ、いちばん極端な潮流のＩＳは、他のジハーディズム勢力と訣別《けつべつ》した結果、内戦の中に内戦が入れ子となる二重戦争の複雑さが生み出されたのだ。

シリアの内戦の多重性がイラクに逆流し、バグダード政府（シーア派のアバディー政権）に対する戦争、シリアのアサド政権とイラクのバグダード政府を後援するイラン革命防衛隊との衝突、同じスンナ派のサウディアラビアと、シーア派のイランとの対決など、争いが宗派間と宗派内の対立を複雑に結びつけ、それでなくても多重的な内戦に外国を巻き込む多元的な戦争に変質させる構造をつくってしまった。

「イスラーム国」と訳される元来のアラビア語は、もともと公と私、社会と個人、社団と家族に及ぶ全領域をシャリーア（イスラーム法）に基づき統治する国家を意味する。ＩＳは、それを組織名であると同時に、どの国にも承認されていないにせよ、国名としても使っているわけだ。

七世紀に預言者ムハンマドが神の啓示を受けたとき、イスラームのウンマ（共同体）は教団組織体としてだけでなく、その発展につれて領域統治を担う国家の性格を具備するようになった。こうしてムハンマドは、イスラームの教団だけでなく、イスラーム国家の最高指導者として共同体の管理と拡大に責任をもつ人物になった。

このあたりの事情について既述との重複をおそれずに述べるなら、教団にして国家であったイスラーム共同体は、最高指導者の預言者ムハンマドが没したとき、神の啓示を解釈できた全能のリーダーを失って深刻な危機に直面した。この試練を乗り切るためにイスラーム共同体は、神の預言者の代理人としてカリフを選出したことは前章で述べた通りである。

現在のＩＳは、理念だけを見れば、七世紀のイスラームの古典的時代つまりプレモダンに純原理的に回帰するために、イスラーム国家やカリフやシャリーアといった装置を現代に復活させようとしているかのようだ。

示唆的なのは、ＩＳの指導者アブー・バクル・アル＝バグダーディーの名が初代カリフのアブー・バクルと同じことである。これは、ムハンマド没後のイスラーム共同体の正統的継承者に自らの名を重ねることで、現代のスンナ派イスラーム世界を指導する正統性を誇示しようとしたからだろう。「バグダードびと」「バグダード生まれ」などを意味するバグダーディーも、アッバース朝国家に遡及《そきゅう》するイラクの首都に縁をもつことを示唆し、クライシュ族の血を引くと豪語することで、スンナ派カリフとしての正統性を自己主張したかったのだろう。

それにしても、無差別テロや少女の性奴隷化などを恬《てん》として恥じないとは、恐れいった「カリフ」もいたものだ。もっと問題なのは日本においても、この男がカリフになる血筋を引いているかどうかとか、アラビア語や法学の能力が高いとか、という次元の訓古的かつ趣味的な議論に熱心なあまり、現代におけるテロや戦争とは何かという本質的な追究から議論が脇道にそれていく「専門家」が一人ならず出

イラク北部モースルで演説するＩＳの指導者アブー・バクル・アル＝バグダーディーとされる画像(写真:AA／時事通信フォト)

たことである。

アッラーという唯一神への絶対帰依を普遍主義的な価値観の根底に据えるイスラームは、本来、特定の領域や民族に信仰の広がりを限定することはない。だがＩＳは、七世紀のイスラームがもっていた古典的な脱領域性や超民族性の考えを純化し、当然ながら英米法など近代に成立した西欧法体系を認めない。西欧法体系より遥か以前に登場したイスラーム法の規範をさらに厳格に適用しようとするのだ。

実際にＩＳは、二〇一四年六月二十九日、「カリフ制イスラーム国」の樹立を宣言した。「イラクとシリアのイスラーム国」の名称から領域を限定する国名を除いたのは、アラブや中東を越えてグローバルに広がろうとするイスラーム国の宇宙論的なイメージを強調したかったからだろう。

だが、その理念はともかく、拡大や発展のプロセスでＩＳのとるテロや暴力の手法については、本来の親組織アルカーイダの指導者アイマン・ザワーヒリーからも絶縁宣言が出されるほど惨いものである。

奴隷制の復活

ＩＳの主張の中でも、シャリーアに基づくといいながら、その法精神や固定刑の教条的な適用は、イスラーム世界で平穏な市民生活を送る多数の穏健ムスリムの眉を顰《ひそ》めさせるものがあった。二〇一四年二月に、シリアの支配地ラッカーでキリスト教徒に人頭税（ジズヤ）を課したばかりでなく、他宗教の屋外活動を禁止したのは一例にすぎない。同年六月には占領したイラクのモースルでシャリーアによる統治を導入し、イラク政府への協力者の処刑はもとより窃盗犯や強盗犯の手足を切断する固定刑を躊躇なく実施した。

いちばん酷《むご》いのは、奴隷制を復活し、少女を含めた性奴隷を合法化したことだ。二〇一四年八月にイラク北部のシンジャルを攻撃した際、包囲されたヤズィード教（クルド人の間で信仰されている民族宗教）の教徒らが多数殺害されただけでなく、キリスト教徒など非イスラーム教徒の女性や子供も拉致《らち》され奴隷とされた事実は、ＩＳが自ら認めているところだ。イギリスのシリア人権監視団（ＳＯＨＲ）によると、ＩＳは八月にヤズィード教徒の女性約三〇〇人を「戦利品」として拉致し、シリアに移送した。うち二七人については、一人あたり一〇〇〇ドル（約一〇万円）で奴隷として売られ、イスラームへ強制改宗させられた上に、結婚も強いられた事実が確認されている。奴隷の女性が戦闘員と結婚するなら、イスラーム法が厳格に禁止する不法な性行為によって姦通罪を犯す誘惑から男性が守られ、レイプも阻止されるという理屈なのだろう。

このあたりのＩＳの根拠は、古典的なイスラーム法によれば、もともとイスラーム世界の外に住んでいた者のうち、戦争で捕虜となるか売買された者を奴隷にできるという解釈に求められるのだろう。奴隷の子供は奴隷になりうる。もっとも、二十世紀後半まで奴隷制度が残っていたアラビア半島でも、いまは公式には廃止されてしまった。ＩＳは、この措置もイスラーム法に忠実でないといいたいのだろう。

いずれにせよ奴隷には二つの側面がある。一つは物としての側面であり、これは他人の所有物となり売買も可能になる。人としての奴隷の側面は、結婚ができ、個人財産も所有できることだ。もっとも、奴隷を解放するのは、ムスリムにとって善行とされてきたのに、いまＩＳが逆に奴隷所有を合法化し制度を復活させるのは、欧米の論理に依拠せずとも、イスラームの人道性に照らして女性の人権無視も甚だしいというほかない。

宗教と政治と軍隊の最高指導者ムハンマド

このようなＩＳの論理が果たして、ムハンマドが啓示を受けたイスラームの教理に適っているのかどうか、そしてムハンマドがあたかも聖戦や異教徒との対決を最優先したかに思える極端な論調がムハンマドの実像に迫るものなのか否か、多くの信者はもとより、私たちムスリムならざる者も疑問を抱かざるをえない。

まず強調したいのは、ムハンマドの多面的な才能と多元的な役割のいずれの角度から考えるかによって、ムハンマドの個性ひいてはイスラームの性格を解釈する道筋が変わってくるということだ。

宗教者ムハンマドの人間的な柔軟性から見ると、イスラームは歴史的に無条件で平和の信仰だったと考えがちである。他方、素人でありながら先天的感性と努力によって軍事リーダーともなったムハンマドは、米国のリンカーン大統領のように軍の最高指導者としても卓越した才能も発揮した。この政治的軍人という側面に引きずられると、ムハンマドの言行は異教徒に対する戦争や殺害や処刑といった面だけで説明されがちになる。

いまのＩＳの極端な議論は、こうしたミリタントな側面ばかりを強調しすぎるのだ。

しかし、ムハンマドが啓示を受けた七世紀のアラビア半島、なかでもメッカやメディナでは商取引や遺産相続や女性の権利侵害といった面で多くの不正が蔓延しており、部族間の不和や武力衝突によって寄る辺のない寡婦や孤児が生み出されていた。ムハンマドはこうした社会的な不正義や不公正に異議を申し立てるだけでなく、その積極的な解決者となるべく神から啓示を受けたのである。

その意味では、権威を確立したムハンマドがまず優先したのは、新しく社会の法を制定し、個別の事件に裁定を下す作業であった。彼は、人間が法を作り出す人定法や実定法と異なり、神の啓示に基づく法という意味で「神定法」や「天啓法」を世にあまねく施行する使命感を帯びていたともいえよう。イスラームが信仰と政治を一体化させた共同体（ウンマ）を成立させ発展させた最大の功労者はムハンマドなのである。

遺産相続や窃盗など民法や刑法の一部手続きについては、『クルアーン』も詳しく規定している。しかし、メディナに加えて元来の発生地メッカからも多数の改宗者が出ると、個別の問題について法的にどう処理すべきかという疑問が起こる。それを解決できるのは、神の預言者たるムハンマドの裁定以外にありえなかった。

ムハンマドの言行録ともいうべき『ハディース――イスラーム伝承集成』（牧野信也訳、上中下、中央公論新社）の中には、下巻の「刑罰」の章に彼の下した裁定が重複を交えながら載せられている（以下の漢数字は章と節を示す）。そこに出てくるムハンマドの言行を丁寧に見ていくと、ＩＳの解釈するイスラームの教理なるものが著しくバランスを欠いていることがわかる。いくつかの具体例をまず示しておこう。

慈悲深き宗教者、前向きの政治家

ある男が預言者のところにやってきて、こともあろうに姦通を告白したときのことだ。メディナのムハンマドは家族を社会つまりウンマの基盤と考え、その前提として婚姻を重要と考えた。ムハンマドにとって、神の啓示を受ける前の時代のアラビア半島における性道徳は紊乱しており、婚姻の慣習も男の恣意を赦《ゆる》すものだったようである。

幸福な家庭の維持を理想と考えたムハンマドにとって、姦通ほど忌まわしい罪はなかった。しかし、姦通を自白した件の男に対してムハンマドは不思議な態度に出ている。それは、預言者が顔をそらしたことである。おそらく、聞きたくない話題だと察知して聞かないふりをしたのだろう。ところが、この男はよほど自分の罪を告白したかったのか、性格的にしつこかったのか、いずれかだったらしい。ムハンマドの前でわざわざ姦通したという言葉を四回繰り返し、それが偽りでないことを四回証言した。これで発言が信憑性《しんぴょうせい》を帯びるようになると、ムハンマドはもはや無視できなくなる。

そこで預言者は「お前は気違いか」と尋ねると、男は否定した。「では、お前は結婚しているか」と尋ねると、「はい」と答えた。そこでようやくムハンマドは、「男を連れていき、石打ちにせよ」と命じた、というのだ（刑罰二二の一、二五の一）。石打ちとは、罪人が死に至るまで周りの人びとが投石する刑罰である。いざ石打ちになると男は逃げたが、まもなく追いつめられて死んだ。預言者は彼のために善かれと祈ったという伝承もある。

ややニュアンスの違う伝承も残っている。ムハンマドが顔をそらすと、なおも男は「その方へ回って」、また姦通したと述べたので、預言者はさらに顔をそらしたというのだ。この男は、預言者の配慮を無視するかのように、また彼の方へ回って、それが本当だと四回も繰り返し証言した。そしてムハンマドは、気違いかと問い、結婚の有無を尋ねた上で石打ちにするように命じたというのである（刑罰二九の一）。

この話でわかるのは、ムハンマドは罪にあたる行為を自分から根ほり葉ほり聞いて罰を科すといった法匪《ほうひ》めいた性格から遠いことである。あえていえば、自然体のムハンマドには、宗教者として欠かせない慈悲深さと、政治家に必要な前向きで物を考える習性がバランスよく共存していた形跡があるのだ。

酒を飲んだ者に対して呪いの言葉をかけようとした信徒にも、「そのようなことを言うな。彼に対してシャイターンをけしかけてはならない」と命じたのもその一例である（刑罰四の三、五の二）。シャイターンとは神の被造物たる悪魔を意味する。預言者は「彼を呪ってはならない。彼はアッラーと使徒を愛しているのだから」と述べたともいう（刑罰五の一）。

最愛最年少の妻でムハンマドの最期を看取ったアーイシャによると、ムハンマドは二つのいずれかを選ぶとき、「罪でない限り、易しい方を選んだが、それが罪であるときは、最も遠く離れた」（刑罰一〇の一）というのだ。これは、係争やいさかいの解決に際して、できるだけ常識的で厳しくない解釈を選んだという意味であろう。罪にあたるときも、その告白や発言をできるだけ聞かないふりをし、見ないように心掛けたと思われる。

しつこく自分の方から罪を告白する男の相手になると、預言者自ら自白を聞いたという形状になるから厳しい罰を科さざるをえない。実際、相応の場合には、厳しい罰を科したのである。それ以外の場合には、彼は寛大だったのである。

罰が免除されるには……

ムハンマドには宗教者らしい振る舞いに関わる逸話がいくつも知られている。

あるとき、一人の男がやってきて、自分の過失を告白し罰を乞うと、ムハンマドは彼に何も尋ねなかった。やがて礼拝の時刻になると、男もムハンマドと一緒に礼拝し、それが終わると過ちについて「神の書」に従って罰するように求めた。神の書とは『クルアーン』のことであろう。ここで面白いのは、男がいかなる罪を犯したのか触れていないことだ。ムハンマドは、お前はわれわれと一緒に祈ったではないかというと、その男も「はい」と答えた。そのとき預言者は、アッラーはすでに「お前の過ちを赦された」と述べた。「お前の罰を免除された」という表現の伝承もある（刑罰二七の一）。

罰より軽い過ちを犯した場合、それをイマーム（宗教指導者）に告げ、意見を求める者は、悔い改めるならば罰されないというのもムハンマドの考えであった。果たして、彼はそうした人を罰しなかった。ラマダーン（断食）月に妻と交わるのは違法とされるが、そうした男についても罰しなかった伝承も伝わっている。この男が性交の事実をあえて告げると、ムハンマドは奴隷所有の有無や、二カ月の断食を決心できるか、と尋ねた。財産も乏しく意志力も欠如していることを見てとると、それでは六〇人の貧者に食べ物を与えよと命じたという（刑罰二六の一）。誰もが豊かな有産者であるはずもない。また、意志強固な人物でない場合も多い。そうした人物に可能な贖《あがな》いは何かを、わかりやすく示しているのだ。

アーイシャの伝える伝承では、ややニュアンスは違っている。ムハンマドが男に喜捨をせよと命じると、自分には何もないと答えた。すると、ムハンマドは食糧を積んだロバがきたので、これを使って施せと述べた。すると男は、自分の家族には食べるものが何もないと語ったところ、「では、これを食べなさい」と命じたというのだ（刑罰二六の二）。

これは、ムハンマドが食糧を男に喜捨したことを示唆する。男は自分の財産を少しも失わずに、ムハンマドにすがって罪を贖ったのである。それにしても、預言者の寛大さにちゃっかり便乗して、家族のためにも食糧を分け与えてもらったというのは聊《いささ》か小狡《こずる》い感じがしなくもない。

しかし、そうした小人の心性をいちいち詮索しない大きさがムハンマドの預言者たる所以《ゆえん》であろう。このありようを近くからつぶさに見ていた人物たちは、この男の所行をありのままに記録したことで、かえってムハンマドの器量の大きさを浮かび上がらせることに成功したといえよう。

子供は寝床の主に属す

疑わしきは罰せずという法の大原則がある。ムハンマドの場合も同じである。彼は疑わしい場合でも、あえて事を荒立てず、幸せな家庭や円満な夫婦の間に波風を立てることを好まなかったようである。男女間、夫婦間のことは、幸福な状態を維持しようとすれば詮索せずともよいという寛仁大度《かんじんたいど》ぶりを発揮することもあった。

あるベドウィンがムハンマドのもとにやって来て、問答を交わしたときの様子はまことに興味深い。

「私の妻は黒い子を生みました」

「お前は駱駝《らくだ》をもっているだろう」

「はい」

「その色は何だ」

「赤茶色です」

「灰色のもいるか」

「はい」

「どうしてそうなったのか」

「灰色の祖先のためと思われます」

「では、おそらくお前の息子も祖先のせいであろう」

（刑罰四一の一）

なんという機智に富んだ鷹揚《おうよう》な解決策というべきであろうか。ムハンマドの有名な発言に「子供は寝床の主《ぬし》に属す」というものがある。この逸話はまさに、生まれた子供は、子を産んだ妻の法的に正当な夫に属すると言いたかったのだろう。

ただしここでムハンマドは、有名な言葉を付け加えた。「姦通を犯した者には石打ちの刑」と。すなわち、「子供は寝床の主に属し、姦通を犯した者は石打ちにされる」というのである（刑罰二三の一、二）。

姦通（ズィナー）と石打ち

このように、概して民法と刑法の双方において寛大かつ温雅であろうとした預言者ムハンマドにも、許せない罪の筆頭に来るのが姦通だったのである。イスラームでは、合法的婚姻関係以外で性的交渉をもつのはすべて姦通とされる。婚姻をしているムスリムは男女問わずに、石打ちの刑となる。未婚者の場合は、一〇〇回の鞭打ちと一年間の追放である。

鞭打ちは『クルアーン』に条文があり、他は『ハディース』に根拠がある。イスラームで禁忌とされる姦通は、偶像崇拝や、生あるものを殺すことに並ぶ重罪であった。『クルアーン』でも、姦通については、「これは実にいまわしいこと、なんと悪い道であることか」（一七の三四）と厳しくたしなめられている。

ムハンマドはもっと具体的に、いちばん重い罪として、偶像崇拝、子殺し、隣人の妻との姦通を挙げたとも伝えられる（刑罰二〇の四）。

彼は、最後のときが来るか、あるいはその前触れが来るとき、「知識が廃れて無知がはびこり、人は酒を飲み、姦通を犯し、男が減って女が殖え、一人の男に五十人の女が従うようになる」と述べている（刑罰二〇の二）。人がまじめな信仰者でなくなるのは、姦通するとき、盗むとき、酒を飲むときだと明言もしている（刑罰二〇の三）のだから、現代の欧米や日本の法感覚からすれば、ずいぶんと性行為に厳格だったといえよう。

その分だけ姦通罪については、手続きと判断をきちんと厳密に進めようと努めている。『ハディース』は、AとBという二人の男が預言者と相談するために来たときの話題に触れている。話はこうだ。

Aの息子Cは、相談に来たもう一人のBに雇われていた。それなのに、Bの妻Dと姦通してしまった。そこでAは息子Cの過ちについて、羊一〇〇匹と奴隷一人の譲渡で罪を贖った。しかし、ある学者に相談すると、Cは鞭打ち一〇〇回と一年間の追放、Dは石打ちの刑を受けるのが相当だといわれた。どうしたものかとムハンマドに相談した上で、裁定するように求めたというわけである。

ムハンマドの判断は迷いのないほど果断であった。羊と奴隷はAに返されるが、Cは鞭打ち一〇〇回と一年間の追放が相当である、と。そして、Dが白状するなら、彼女は石打ちになるべきだと裁定した。Dは自ら姦通を認めたので石打ちになった（刑罰三〇の一、三八の一）。学者の解釈は預言者の裁定とぴったり合致したわけである。

姦通罪の成立には、動かぬ証拠や真正の証言が必要不可欠となる。結婚している男あるいは女は、姦通の証拠が挙げられるか、妊娠の事実が明るみに出るか、または自白した場合には罰が科せられる（刑罰三二の一、三四の一）。

姦通した未婚の者は鞭打ちと追放の刑を受けたのは上述の通りであるが、姦通した男は、姦通した女か偶像崇拝の女以外娶《めと》ってはならない。姦通した女も同じである。ここでは、姦通した未婚者は入籍して互いにきちんと責任をとればよいとも読めるのである。未婚者の性交は命懸けという説明も一部にあるかもしれないが、ムハンマドが二人の結婚をむしろ認めたのはヒューマニティの発露といえるかもしれない。もちろん、この種の相手との結婚は信仰者には禁止されているにせよ、である（刑罰三二一）。

背教と殺人と窃盗の重犯

偶像崇拝に準じる厳しさは、不信仰者と背教者に適用される。この点についてムハンマドの解釈は容赦なく苛烈きわまりない。そもそも『クルアーン』には、こう規定されている。「アッラーとその使徒に戦をいどみ、地上に頽廃《たいはい》を播《ま》き散らして歩く者どもの受ける罰としては、殺されるか、磔《はりつけ》にされるか、手と足を反対側から切り落されるか、さもなければ国外に追放されるほかはない……」（五の三七）

ウクル族が預言者のもとにやってきてイスラームに改宗し、メディナのモスクの回廊に住み病気になったときの話は示唆に富んでいる。

ムハンマドは、喜捨の駱駝を連れてこさせ、その尿や乳を彼らに飲ませるように命じた。しかし彼らは肥えて健康を回復すると、イスラームに叛き、駱駝飼いを殺し、駱駝を奪い去って遁走《とんそう》したのである。そこで追っ手が遣わされたのは当然であろう。天網恢恢疎《てんもうかいかいそ》にして漏《も》らさず、というべきであり、昼にならないうちに彼らは捕捉されて連れ戻された。そのとき、預言者は、釘を真っ赤に熱して、それで彼らの目をつぶすように命じた。そして、彼らの手と足を切り落とさせ、血を止めるための焼灼《しょうしゃく》もさせなかった。その後で彼らは溶岩台地に放り出されて水を求めたが、与えられずに死んだという（刑罰一七の一。ほかに、刑罰一五の一、一六の一、一八の一）。

あるいは、ウライナ族の事例かともいわれるこの伝承によれば、失明した彼らが渇きのために水を求めても与えなかったという苛烈さは、背教と殺人と窃盗が忘恩と相まった場合のムハンマドの容赦ない対応ぶりを示している。ここでは宗教的使命感が革新的政治家の妥協なき判断に乗り移って怒りが倍加した感もある。

しかし、こうした苛烈な行為であっても、同時代のムスリムも後世の人間も、ムハンマドが自分個人のために復讐《ふくしゅう》したとは決して考えなかった。アッラーの禁忌が犯されたときのみ、神のために復讐した典型例としてこの伝承が生き延びたのであろう(刑罰一〇の一)。

ムハンマドは「法の前の平等」を曲げなかった

法の解釈や執行にあたって、ムハンマドは法の前の平等という重要な原則を曲げなかった。彼が、身分の差や貴卑の如何にかかわらず、法の前では人を差別せずに同じように接したことは特筆されるべきだろう。

クライシュ族という預言者も属する名門に属する女が盗みを働いたときに、彼女の一族は困惑した。かつてイスラームが誕生する前のメッカやメディナでは当然おこなわれたように、預言者ムハンマドにとりなしを頼んだ。

しかし、ムハンマドは部族の利益代弁者でもなければ、地域利害の代表者でもなかった。

彼は、過去の者たちは身分の卑しい者には罰を科し、貴い者は見逃す行為をあえてしたために亡びたと断定する。ここでムハンマドは決然と断じたのである。「ファーティマがそれを行ったとしても、彼女の手を切るであろうに」（刑罰一一の一）と。ファーティマとは愛嬢のことであり、四代目カリフ（シーア派では初代イマーム）のアリーに嫁した女性である。

窃盗（サリカ）はイスラームでは罰が重い。刑が固定（ハッド）されているから、初犯では右手首、再犯では左足首、三犯で左手首、四犯で右足首が切断されることになっていた。もっとも、二回の自白も刑執行までに撤回することもできるし、裁判官に起訴される前に被害者が犯人を赦すこともできる。このあたりに示談の余地を残しているのだ。これはイスラームとムハンマドの柔軟性や弾力性が発揮される根拠にもなっている。

ムハンマドがアッラーの定めた罰のことでとりなすのかと有力者たちに説教し、貴卑を差別をしたから「道を誤った」とする裁定は（刑罰一二の一）、さすがに宗教から調停、司法から行政にいたるすべての領域でまずは無理のない裁量権を発揮した人物だけのことはあるといって大過ないだろう。

ムハンマドは、ＩＳの言うところと違って、現代的な意味でも相当にバランス感覚に富む人物だったといえないだろうか。

第六章 「イスラーム国」とは何か

——シリア戦争と難民問題の深淵

「アラブの春」とＩＳ

話をもう一度ＩＳに戻してみよう。そもそも、なぜ、ＩＳという存在が生まれたのだろうか。また、ＩＳとはそもそも何なのか。

歴史的に短期の因果関係で考えると、二〇一〇年から二〇一二年にかけて起きたアラブの春の流れの中で、自由と人権の回復を求めたシリア人市民の蜂起により、反アサドの「シリアの春」が起きたことに、直接の原因が求められる。

言うまでもなく、アラブの春とは、二〇一〇年末よりアラブ世界において発生した反政府蜂起である。二〇一〇年十二月、チュニジアで、失業中だった若者が街頭で野菜を販売しようとして女性警官に殴打され警察に没収されたことに抗議し憤りを発して焼身自殺を図った。この事件をきっかけに、反政府デモが国内全土に拡大。ついに二〇一一年一月にはベン・アリー大統領が亡命し、二三年間続いた政権が崩壊する事態にいたる。

これが引き金となって、エジプト、ヨルダン、リビア、イエメン、バハレーンなど中東の広範囲で反政府蜂起が拡大し、チュニジアに続いてエジプト、リビア、イエメンの政権が崩壊する事態になった。

シリアにこの騒乱が拡大したのは、二〇一一年一月二十六日のことである。シリアで独裁政権を率いてきたアサド大統領は民主化の動きを抑えようとした。しかし反政府運動は収束せず、犠牲者が拡大の一途をたどり、ついには内戦にまで突入してしまう。

アサド政権は弾圧のために化学兵器まで使用したといわれ、国民の犠牲者は二〇万人をも突破する悲劇的状況にまで陥ってゆく。この間、国連ではアサド政権の弾圧に対する制裁決議案なども可決され、米欧などは反アサドの反体制派に対して武器や資金などの支援を強化していった。

当初、反アサドの中心となっていたのは、自由シリア軍（FSA）という非イスラーム的な世俗勢力であった。自由シリア軍は、アラブの春のシリアへの波及を機に反アサド政権を呼号する運動から生まれたが、多様な政党と分派の寄せ集めであり、まとまりを欠いていた。ここにシリア人の今日の悲劇が胚胎していたのである。

スンナ派、クルド人、キリスト教徒を中心に、シーア派から分かれたアラウィー派、十一世紀の初めにファーティマ朝のカリフを神格化して成立したドゥルーズ派、一説には「トルコ人に似た者」や「まぎれもなきトルコ人」を意味するというトルクメン人などの少数派共同体からも入っていた。アラウィー派はアサドの出身宗派であったが、そこからも反逆者が出現したのである。彼らは、後のＩＳのような外国人でなく、シリア国民が主体である点で「穏健派」「愛国派」と呼べなくもなかったが、最大の問題はまとまりを欠き力が弱体だったことだ。

これに対して、外からの流入という形で「イラクのイスラーム国」（二〇〇三年のイラク戦争後にイラク国内で活動をおこなっていたテロ組織）がシリアで拡大し、ヌスラ戦線（二〇一一年に「イラクのアルカーイダ」のシリアにおける関連組織として結成されたスンナ派過激組織）と合併して、名称を英語でいえば「イラクとレバントのイスラーム国」（ＩＳＩＬ　別称「イラクとシャームのイスラーム国」ＩＳＩＳ）と改称し、シリア国内に大きな根を張っていった。レバントとシャームとは、概ねシリア地方を指す歴史的名称である。

このＩＳＩＳやＩＳＩＬという名からも察せられるように、イラクを本拠地とする「イラクのアルカーイダ」と呼ばれる組織が、ＩＳの中心的な源流であった。やがて内紛を起こしヌスラと仲たがいをした。

イラクのフセイン政権崩壊後、アメリカの援助で成立したシーア派のマーリキー政権のもとで、イラクではスンナ派アラブ人たちが差別抑圧される構造が成立した。その構図の中で、イラク国内にスンナ派擁護のためにシーア派に対するセクタリアン・クレンジング（宗派浄化）やエスニック・クレンジング（民族浄化）を辞さないスンナ派ＩＳの源流が誕生したのである。

彼らはイラク国内での活動が難しくなると見るや、中央のシーア派政権に掃討される中でシリアへ移動していった。反アサドを呼号して人権や民主主義の回復を求める「シリアの春」に寄生して、アサドのアラウィー派がシーア派の一派であることに反発しながら狡猾《こうかつ》にシリアの国内政治に潜り込んできたのである。しかも、シリアの反アサド勢力への欧米による武器援助さえ秘かに流用し、無秩序状態にあったシリアとイラクの間にまたがる「バーディヤ・アル・シャーム」（シリア砂漠）に根拠地をつくって支配領域の拡大に努めたのである。

犯罪者と犯罪予備軍の浄化装置

私は、二〇一四年十一月にヨルダンを訪れたときのことを思い出す。首都アンマーンのヨルダン大学で「第一次世界大戦から一〇〇年」というテーマで講演をおこなった。私は、聴衆との議論のやりとりで、二〇一四年を世界史における大きな転換点だと感じ、国境を無視して膨張するＩＳは、冷戦後の国際秩序の枠組みを解体しかねない異次元の脅威になると確信した。ISがかくも短い間にシリアとイラクにまたがる広い地域で発展を遂げたのは、二〇一四年という年が第一次世界大戦の勃発から一〇〇周年にあたっていたことと深く関連する。

これまでのイスラーム過激派は、アルカーイダも含めて、サウディアラビアやエジプトといった中東心臓部での活動を断念し、中央政府の監視の緩やかな中東周縁部や、言論や集会の自由を尊重する欧米社会に出かけてテロを実行するのが常だった。

ところがISは、「イスラーム国」を名乗ることからもわかるように、自分たちの支配領域を確立し、まとまった地域を支配して疑似国家を形成している。そして、税の徴収、石油の密輸出、そして「人質ビジネス」や女性奴隷の売買という新しい〝産業〟まで生み出した。

ISはもちろん国際法や国際政治で認められる「国家」ではないにせよ、ある地域を恐怖と暴力で支配すると、徴税だけでなく道路交通網を押えて物流を保障し、サイバー空間で情報の操作もしている。真偽取り混ぜて報道する強力な電波施設をもち、インターネットを通じて世界中に処刑や戦闘の光景を発信している。サイバー空間という二十一世紀に出現した新領域を利用する構図の中でISがつくられたのである。

それは、アラブの市民から政治家までトラウマと感じてきた米欧による中東の分割や数次の戦争の否定的現実に挑戦したという側面もある。この一点だけをノミナル（名目的）に見れば、かなりの成功を収めた最初の事例なのだ。

ＩＳが短期で拡大したのは、アルカーイダが最初に9・11事件を起こしたときに、イスラーム世界の一部を襲った名状しがたいユーフォリア（過度の根拠なき幸福感や達成感）に似た要素が一部のスンナ派アラブ市民の間から生まれ、とくに若年層が戦闘員として現代の「ローマ軍」「十字軍」との軍事対決に引き寄せられていったからだ。

さらに、ＩＳの拡大要因として、欧州のイスラーム移民の第二世代や第三世代が高い失業率や貧困に苦しんでいる点も見逃せない。五〇パーセントを超える失業率の中で、希望の乏しい移民の若者たちが、ＩＳの提示するデモーニッシュ（悪魔的）な世界観に魅せられ参入する面もあっただろう。彼らがＩＳに参加するのは、ホスト社会における疎外感と結びついており、歴史に異議申し立てをする行為をムスリムの義務と思い込むからかもしれない。

ただ、彼らの精神的な〝疎外〟や〝差別〟を過度に強調するのは、いかなる名分があろうとも、米欧や日本では個人や集団によるテロが重大犯罪である本質を見誤らせる。彼らに新しい世界観があるというのは美しすぎる。フランス郊外で貧困化した移民の若者の中には、通常の犯罪に手を染めて収監された刑務所の中で、イスラーム過激派やＩＳの洗脳や徴募のシステムができている事実にも着目しなくてはならない。これからは難民の子弟からも同じ危険が生まれるだろう。

ＩＳに白人が多数参加している現状も重要である。これは日本にも共通する面もあるが、誰もが自由や権利を享受できる恵まれた先進国におけるアノミー（無規範）、公共性の蔑視や欠如といった豊かさの代償という面もある。

貧しさから脱却するために、先人たちが努力した社会共通の目標や価値観が尊重されなくなったとき、若者たちはあれこれの規範を無視して犯罪に走る傾向があるのだ。ＩＳは、犯罪者やその予備軍をイスラーム革命の戦士として受け入れ、米欧や中東での犯罪歴や過去を浄化する役割を担っているともいえよう。

紛争ルールの複雑な変更

ことほど左様に、ＩＳの主張と行動は、いままでは国連加盟国として主権国家の自立性を保持するアラブはじめ中東すべての国家と政府の存在を脅かしている。イランやトルコもその例外ではありえない。ＩＳからすれば、スンナ派の王制国家であれシーア派の共和制国家であれ、西欧の国際法と帝国主義の分割原理を前提にして利益を得ようとする中東の枠組みを認められないのだろう。

結局、ISがもたらした中東地政学の構造的変化は、紛争のルールを複雑に変更したという点に尽きる。国家と国民の在り方に根本的な改変をもたらすISの主張は、パレスチナの民族自決権をめぐるガザのハマスとイスラエル政府との対立とも別次元にある。また、ISが絡むレバノンからイラクまで広がる国家否定の論理は、二〇一六年一月二日以降に顕《あら》わになったサウディアラビアとイランとのイデオロギーや湾岸安全保障をめぐる伝統的な対立とも異質な性格をもつ。

中東の地政学を大きく変動させたISの脅威の前では、これまで対立関係にあった国家間でも国際秩序と国家観を多少なりとも尊重してきた共通の利益に立って、ISに対する拒否戦線を組むことになった。こうしてアメリカからイラン、サウディアラビアからカタルにいたる国々は、国連決議を受け入れながらISへの空爆作戦に参加した。そして日本も、二〇一四年九月に難民支援などに二五五〇万ドル（約二七億円）の拠出を決定したのである。

もっとも、これまでISに同情的だったサウディアラビアやトルコは不承不承というところだろう。

ＩＳを含むイスラーム・テロリズムに宥和的《ゆうわ》で財政支援を秘かにおこなってきたサウディアラビアの一部勢力は、国民にも根強いＩＳ人気（一部調査では八パーセントが肯定的な評価を与えている）を背景にしている。サウディアラビア政府も国民による個人的支援や、二五〇〇名ともいわれる若者がシリアの反アサド勢力に身を投じることを黙認してきた。

一方、クルド人の分離独立運動に警戒心をもつトルコにとっては、ＩＳを一時的脅威と見なし、シリアのクルド人勢力の危険こそが永続的な性格をもつと理解する者が少なくない。

ＩＳの石油密売

そもそもＩＳがシリアとイラクで予想外の力をつけ、ついに限定的ながら米軍の空爆など中東再関与を余儀なくさせたのは、アラブ世界に政治的真空状態と権力の不均衡をもたらしたオバマ大統領の外交失策を多少なりとも挽回する必要に迫られたからだ。

ＩＳは、アメリカ政府がイラクの選挙における民主化の形式整備や中間選挙を睨《にら》んだ内政に執着するあまり、現地住民の間で権威と信頼をもつ勢力の育成に失敗した虚を巧みに衝いた。遅すぎて少なすぎるシリアの反アサド勢力への援助決定や、イラクのキリスト教徒やヤズィード教徒を棄教や孤立に追い込み、人道上の悲劇を生んだオバマの姿勢は、ガザのパレスチナ人児童や弱者の苦境無視と並んで、オバマ政権に潜む一国主義外交の限界と冷淡さと無縁ではない。

ＩＳは二〇一四年六月の時点で、中東の一部密輸業者に一バレルあたり二五ドル、タンクローリー一台あたり一万から一万二〇〇〇ドルの廉価で石油を売り、一日に二〇〇万ドルを稼ぐといわれていた。ＩＳがイラク第二の都市モースルを占領し、イラク領土の三分の一を押えた後、六月十日に石油価格は急落した。米国と湾岸諸国はＩＳの行動による中東情勢の不安定化と油価への影響を許せなかっただろう。

ちなみに、同年六月に一バレル一一〇ドル超えを記録して以降、原油価格は急落を続けた。十月十三日には、八八ドル（ブレント価格）を記録し、三年一〇カ月ぶりの安値に下落した。九月下旬になると、ＩＳは一バレル四〇ドル、つまり一日に三二〇万ドル（年換算で一二億ドル）を得たという情報もある。アメリカの空爆にサウディアラビア、バハレーン、アラブ首長国連邦に加えて、それらと折り合いの悪いカタルも一応参加したのは偶然ではないのだ。

事実、ＩＳはサウディアラビアなど君主制国家の合法性を否定しており、その地域安全保障上の危機は無視できない。その野心は国際石油資本の脅威ともなる。

ＩＳの脅威をいち早く認識したのはイランである。イランは迅速に動いてアサド政権を蘇生させたのに、オバマの動きはあまりにも緩慢すぎた。潰走するイラク軍から一個師団規模の兵器を鹵獲《ろかく》し、シリア軍からミグ21や23を奪取したＩＳを、地上軍の投入なしに殲滅するのは難しい作業なのである。

ＩＳのような組織を根絶するには、市民生活の破壊やカオスを許さない権威をもつ部族や、公民の人士や、健全な正統性を帯びた組織の育成が必要となる。しかし、ひとたび起きた内戦や戦争が拡大するなら、歴史と時間をかけて維持してきた穏健なイスラームやアラブの知恵も経験も消え去ってしまう。これこそ、ＩＳを伸長させている中東の悲劇の本質である。

アサドのいるシリアか、いないシリアか

そのようなＩＳ伸長の背景となっているシリア戦争において、解決すべき政治問題とは、いったい何であろうか。シリアの内乱は内戦から戦争に発展するにつれて、膨大な難民を生んでいるが、いかにして難民の悲劇を終わらせればいいのだろうか。

こうした基本的な問題について、国際社会はほとんど同意を見ていない。

この不一致、とくに米欧とロシアやイランといった二つの勢力の間の対立を象徴するのは、二〇一五年九月末に開始されたロシアによるシリア領土への大規模空爆であった。これは、一九七九年のソ連軍によるアフガニスタン侵攻以来の、中東の独立主権国家に対するロシアの公然たる軍事行動にほかならない。

二〇一五年十月末現在で、ISと反アサド派の双方を攻撃したロシア軍機の出動回数は一四〇〇〇回を超え、一六〇〇カ所以上の軍事拠点を破壊したといわれる。

米欧は、アラブの春で決起した国民への虐殺も辞さず、二五万人のシリア人を死に追いやったバッシャール・アル＝アサド大統領の独裁政権こそを、解決すべき問題だと考えてきた。現在はアサド体制から新体制にいたる移行期を目指す暫定政権であるにせよ、「アサドのいないシリア」こそ本来はアメリカとEUの譲れない基本条件であった。

ところが米欧は、アサドと対決するISが出現すると、後者を文明論的に最大の脅威と見なし、ISとも戦う「二つの敵」論をタテマエでは押し出さざるをえなかった。問題は、アサドとISを同時に打倒し、消滅させる具体的なシナリオも手法も示せなかった点にある。「二つの敵」論を、マントラ（真言）のように繰り返すだけでは、その一つも倒すことができなかったのである。

彼らと比べれば、ロシアの立場はもっと簡単でシンプルである。ＩＳは米欧とロシアの共通する敵であり、手ごわい文明論的な脅威にほかならない。そうであれば、各種の反アサド運動はひとまず恩讐《おんしゅう》を超えてアサド政権とも結束すべきなのである。「アサドのいるシリア」を受け入れてＩＳに対抗すべきだというのがロシアの考えなのだ。

大規模な難民の出現やヨーロッパへの到来を見るにつけて、米欧の中にも、アサドとの対決よりもＩＳ排除が先決だと考える傾向が現れている。ことに二〇一五年十一月のパリ大虐殺事件以降、フランスはアサドとの対決を後回しにして、反ＩＳ作戦でロシアとの協力に舵を切った。アサドの政治責任追及はＩＳ打倒後に考えればよいという立場は、現実的な解として弱まることはないだろう。この立場が米欧内部から出るのは、アサド政権が弱まっているという分析からだろう。

実際に、アサドの率いるシリア正規軍の実情は、ＩＳや他の抵抗運動との消耗戦の結果として多数の欠員や多大な損害を出し、すでに補塡《ほてん》が不可能なまでの弱体ぶりを露呈している。かつて二五万もいたシリア共和国軍は、いまや兵士二〇〇〇から三〇〇〇、将校や将軍が二〇〇から三〇〇名ほど残っているにすぎない。シリアの兵士の多数は死ぬか脱走し、残った者もスンナ派であり、忠誠心は疑わしい。彼らをアサド体制は信用していない。援助された不十分な燃料と軍需物資でかろうじて「点滴」(drip-fed)を受けているのが実情に近いだろう。

過去四年の動乱のうちに、北朝鮮と並んで、世界でも有数の恐怖度で知られた治安維持機構や情報機関も解体に追い込まれたアサド体制は、現イラクのように陸上ではイランの革命防衛隊、なかでもクドス(エルサレム)軍団などの義勇兵に依存して政治と軍事の空白をかろうじて充たしているにすぎない。アサドの出身母体アラウィー派などの若者も、その多くは兵役を嫌って出国した。彼らも難民として欧州に逃れた者たちなのだ。

ロシアは、米欧の意識の変化を睨みつつ、もともとロシア海軍が地中海で燃料や飲食料等を補給する「泊地」だった地中海沿岸のタルトゥスを、いまや本格的な海軍基地にしようと工事を進めている。タルトゥスは、紀元前二〇〇〇年紀の海洋民族フェニキア人の植民都市に歴史をさかのぼる。さらに地中海に面したラタキヤは古代ローマの地理学者ストラボンの『地理誌』にも出てくる町だが、本格的な軍用飛行場として使用されているラタキヤ空港の脇にロシアによって新たにヘリコプター基地も新設されたことも、航空写真で確認されている。

ロシアはシリア戦争の当事者なのである。ロシアは、ISだけを攻撃目標にしたのではなかった。米欧が財政・軍事面で支援している反アサド勢力、なかでもシリア国民軍やシリア国民会議といったグループの結集する抵抗拠点も、トルコの援助するトルクメン人やスンナ派アラブ武装勢力もロシアの攻撃を受けている。

米欧がこれまでアサドとＩＳを同時に敵視し対峙してきたのと対照的に、ロシアはあからさまにＩＳと反アサド抵抗運動を同時に消滅させることもためらわないでいる。

プーチンの政治外交手法

しかし、ロシアは同時に、反アサド勢力をも暫定政権に受け入れる用意があることを示し、米欧にも「国民に選ばれた」アサド大統領を認めるように譲歩を迫っている。

プーチンの政治外交手法は、単純化していうなら、イタリアの政治思想家マキャヴェッリ、プロイセンの軍事戦略家であったカール・フォン・クラウゼヴィッツ、陰謀と政治技術に長けたボリシェヴィキ革命家レーニンの理論を混交したものだ。いかなる死活の利益も軍事力の誇示なしには守れないという信念は、チェチェン戦争やグルジア戦争に限らず、クリミアの併合から東ウクライナでの衝突に至るまで証明済である。日本が領土返還交渉の相手とするプーチンは、戦争とは別の形をとる政治の延長であり、外交というソフトパワーは軍

2015年10月21日、モスクワで会談し、握手するロシアのプーチン大統領(右)とシリアのアサド大統領(写真:AFP＝時事)

事に象徴されるハードパワーに補完され、権謀術策も交えて初めて成功すると考える種の人物なのだ。

プーチンは、米国がかつてセルビア、イラク、リビアでこれみよがしに振る舞った行為に屈辱を感じており、シリアというロシアの重要な中東最後の資産を失うわけにはいかないのである。冷戦終結とソ連解体をソフトパワーの偏重で傍観したゴルバチョフや、リビア制裁でNATOのハードパワー行使に屈したメドベージェフ前大統領とは違う姿勢を見せたいのである。

そのうえ、いまのオバマ大統領にはロシアや中国による国際秩序変更の野望をハードパワーで阻止する覚悟はなく、中東をグローバルな紛争舞台にしてしまった責任がある。この点でいえばオバマ大統領は、かつて理想として国際協調主義を掲げながら現実としては国内政治のロジックに負けて孤立主義への道を歩んだウィルソン大統領に似ている。この民主党の先人こそ、第一次世界大戦後の国際秩序形成のプロセスで東欧や中東の問題を複雑化させたからだ。

他方、プーチンはマキャヴェッリとクラウゼヴィッツから大きな影響を受けたレーニンの衣鉢を継ぐボリシェヴィキ気質のリアリストといってもよい。レーニンは、息継ぎのためなら敵国ドイツとブレスト＝リトーフスク条約で講和を結ぶのもためらわなかった。同時にプーチンは、諜報や陰謀に秀でたトロツキーやスターリンといったソビエト革命家の後継者という面をもつのである。

ロシアとイラン、同盟か競合か

ところで、このようなプーチン大統領のシリアへの軍事干渉は、表に出ていない意図も潜んでいたと考えられる。一般に言われるのは、兵員の欠如や補給の欠乏など、様々な点で活力を失い、国防軍としての能力を失ったシリア政府軍を救い、ひいてはシリアのアサド政権の延命を図るためだというのだ。では、空爆によって、いったい誰から、何のためにアサド政権を救うというのだろうか。

常識的に考えれば、ＩＳや反アサド各勢力の脅威から救うということなのであろう。だが私は、もう一つ別な側面があると考えている。プーチンの軍事干渉には、アサド政権をイランの過度のプレゼンスによる脅威から守り、ロシアの中東権益を守る意図が潜んでいるという見方である。

もちろん、こうした見方に対しては、「イランは、その影響下にあるシーア派の諸軍事組織や、自国の革命防衛隊（クドゥス軍団）を通して、アサド政権を助けている。その意味では、イランはロシアと協調しているのではないか」という反論が出されるはずだ。それは至極もっともな疑問であるが、事実を精細に見ていけば、イランに対するロシアの狙いが、徐々に浮かび上がってくる。

ロシアがシリアで成功を収めているのは、そもそも地上戦でイランの革命防衛隊やヒズブッラが出した犠牲や勝利に負う点が大きい。そのうえロシアは、シリアの国防軍やイランがつくった民兵を再編して、自らの影響が及ぶ「軍」に統合しようとしている。

無論、イランはむざむざロシアの膝下《しっか》に屈するわけにはいかない。双方ともに相手の犠牲で自らの力を高めようとしている点は変わりがない。

第一に考慮すべきは、イランがこれまでアサド政権を救うために費やしてきた軍事・財政支出が、二六〇億ドルにものぼるという事実である。

「シリア軍」の弱体化については、すでに述べた通りである。ダマスクスに交通警察はいても、共和国の正規軍という意味あいでのシリア軍は有名無実といってよい。いま存在するのは、いくばくかのシリア人に加えて、シリアのアサド体制護持のために戦う外国人部隊の混成部隊にすぎない。レバノンのシーア派集団ヒズブッラ（アラビア語で「神の党」の意）、イラク民兵組織アサーイブ・アフル・アル・ハック（正義の民の同盟）、イランのクドゥス軍団。ほかにシーア派アフガン人の民兵、シリア他の中東紛争地帯でイランに従って訓練された者。これがシリア政府のいう「軍」を構成する実体なのだ。

しかも、この「シリア軍」を指揮監督するのは、イラン革命防衛隊の対外諜報と特殊工作（作戦）を担当する部隊たるクドゥス軍団のカセム・ソレイマーニー准将である。アメリカがテロ組織と認定している組織の長である。彼によれば「シリア軍」の兵力は一〇万だというが、イラン人は「シリア軍」という言葉をもはや使いたがらない。彼らはシリアの政府系兵力を構成するのがイランの革命防衛隊か、イランにつながるシーア派勢力だと自負しているからだ。

もちろん、ここで問題になるのは、イランが二六〇億ドルもの資金を費やし、アサドに肩入れをした代償は何か、ということである。

イラン側の求める代償の一つは、シリア国内のシーア派の救出と、彼らを予測される将来の選挙に活用することであろう。スンナ派の多数派（反アサド政権派）が支配する地域に孤立するシーア派住民を救い出すために、イラン革命防衛隊やヒズブッラが占領した地域のスンナ派住民を配置換えする一種の住民交換（population exchange）を画策しているという説も根強い。領域の交換さえ狙っているのではないかと疑われている。たとえば、シリアの首都ダマスクスの近くにザバダニという地域があるが、そこに居住するスンナ派住民と、イドリブという地域の二つの村のシーア派の住民交換を図ったという観測も出された。

問題は、このような住民や領域の交換というシリアの内政や主権に関わる行為について、イランが、ときとしてアサド大統領の頭越しに交渉している事実があることだ。これは、シリアの主権国家としての在り方やアサド大統領の権威が無視されたことを意味する。

ロシアからすれば、シリアの重大問題の取り決めについて、協力者とはいえ、自分の関知しないところでイランに勝手放題を許すつもりはさらさらない。イランの出過ぎた行為への警告に加えて、アサド政権に対する梃子入れという意味を込めて、空爆に踏み切ったという解釈もあるのだ。

ロシアはイランの影響力拡大を赦さない

第二は、イラン中心に動きがちな国際環境への牽制である。二〇一五年七月十四日、ウィーンにおいてイランの核開発を制限し、遅らせる最終合意が締結された。これによって、イランと米欧の間には、デタントに似た気運が生まれることになった。

それに対してロシアは、自らの重要権益であるウクライナとシリアに関わる事柄について米欧中心のデタントは許さないという決意を、実際の姿勢によって明白に示したということなのだ。つまり、イランがアメリカと交渉するカードとして、シリアを使わせない、とプーチンは強い意志を示したのだ。

イランは、すでにレバノン、イラク、湾岸諸国といったシーア派住民の多い地域において、ヒズブッラなどの組織、あるいはイランから送り込んだ革命防衛隊を介して、影響力を拡大している。イランの野心は、その北方にあるカスピ海西岸の産油国で、同じシーア派の国アゼルバイジャンを介して、カフカースや中央アジアを経てロシア国内にも広がりかねない。この地域のムスリム住民に、イランの影響力が一方的に浸透する危険を許さないという決意が示されたとも考えられる。

プーチンは、二〇一五年十一月にイランを訪問した際、カスピ海に面したダゲスタン共和国（ロシア領）のデルベントにシーア派の学院を開設する計画に同意し、モスクワにもイスラーム大学設立を許可したように、ロシアが管理する形以外ではシーア派の宗務や教育を認めていない。これは、レバノン、イラク、湾岸地域でヒズブッラや革命防衛隊を介して力を拡大したイランの野心が、シーア派国家アゼルバイジャンを介してダゲスタンなどロシア領内に一方的に浸透する危険を許さない決意を示したともいえよう。

二〇一五年十月七日にカスピ海艦隊の軍艦四隻からシリアに向けて発射した巡航ミサイル二六発のうち四発は途中でイラン領内に「着弾」している。とても誤爆や偶然だけで片づけられないものだ。イランの国営ファルス通信社は、ロシア政府と同じくイラン着弾の事実を否定し、この情報が米欧の「心理戦」の一部だと説明した。もっとも、イラン政府は沈黙したままである。

ロシアとイランとの関係は、十九世紀にイランの領土を奪った二回の戦争、一九〇四年にイランの分割を図った英露協商、二十世紀にソビエト軍によって北部が二度も占領された経験以来、まことに複雑な翳《かげ》と綾を両国に落としていることも忘れてはならない。北の隣国ロシアはイランにとって隠然たる存在であると思い知らせたのである。

プーチンと「新しい東方問題」

アサド大統領がイランの野心に直面して対応したやり方について、興味深い話も伝えられている。アサドは国内のキリスト教徒のある指導者に、シーア派によるユダヤ教徒とキリスト教徒への弾圧を示唆しながら、こう告げたというのだ。

「イランが様々な要求をしてきた。これは、イランがシリアの領土を狙っているということだ。だが、私にはお前たちキリスト教徒を保護する余裕はもうない。だから、今後はロシアと相談してくれ」

アサド大統領の支持基盤の一つは、その出身母体のアラウィー派（シーア派の一派）の共同体だが、もう一つは伝統的なキリスト教徒の共同体なのだ。イエス・キリスト自身が日常的に話していたのはアラム語（古代シリア語）だったように、古代以来シリアはギリシャ正教会や東方系各種教会の教徒の多い地域である。

アサドがキリスト教徒たちに、ロシアと相談してシーア派支配からの迫害を免れ庇護を受ける可能性を示唆したとすれば、ロシアは、ギリシャ正教徒や東方諸教会の保護者としてシリアに干渉し、イランに掣肘《せいちゅう》を加える根拠を得たことになる。あたかもロシア帝国のロマノフ朝が皇帝（ツァーリ）を中心に東方問題に関与したように、プーチンという現代のツァーリが新たに中東権益を是が非でも確保しようとしているのだ。まさにネオ・ツァーリ主義による「新しい東方問題」の誕生である。これは、形を変えた新ロシア帝国主義という二十一世紀パワー・ポリティクス（権力政治）の登場である。

プーチンは、「新しい東方問題」において、エジプト、シリア、イラクなどのアラブ社会主義を支援したソ連時代の中東戦略よりも明確な政策イデオロギーを打ち出している。つまり、ＩＳやアルカーイダをはじめとするシリア内外のイスラーム・テロリズムとの戦いをロシアの国民に料簡させ、国力を動員できる力強いパワーとしてのネオ・ツァーリズムこそが、まさにシリア戦争への直接関与の背後にあるプーチンの強固なイデオロギーだということだ。

イランが地上作戦はじめシリア戦争で主たる役割を演じる限り、プーチンの政治工程表の実現は難しい。プーチンは、空爆という異次元の決断によって、中東複合危機のゲーム・チェンジャーたらんと欲したのである。

ロシアのある副外相はシリア大使と会談した際にぶっきらぼうに述べた。「われわれは君らのゲームを養っている。君のボスに伝えてくれ。われわれにつくか、イラン人につくか」と。この発言はサウディアラビアから出た情報であり、割り引いて考える必要があるが。

それでもロシアは、シーア派民兵の増強から生じるロシアのシリア権益と影響力の減退を見逃すほど甘い国ではない。プーチンは、空爆だけでなく、シリア沿岸への黒海艦隊増派によって地中海へのイランの野心を制御する構えを示したのである。現実に、地中海沿岸にも展開していたシーア派民兵は、すぐに内陸部へ引き揚げた。

ロシアのシリア戦争への参加は、バルカン半島から中東、カフカースを経て中央アジアに広がる「新しい東方問題」として考えられねばならない。それは、十九世紀から二十世紀にかけて、ユーラシアの覇権をめぐってロシアとイギリスの間で戦われたグレートゲームや、さらに二十世紀後半の冷戦の経験を踏まえても、画期的な直接参戦なのだ。

シリア危機を中東複合危機へ深めた大きな責任はロシアにある。しかも、プーチンは中東複合危機を意図的に深め、ウクライナ問題から米欧の注意をそらす新しい戦略としてシリアを犠牲にしているのだ。

「穏健派反政府勢力」は実在するのか

ロシア軍のシリア空爆（2015年9月30日～10月30日）

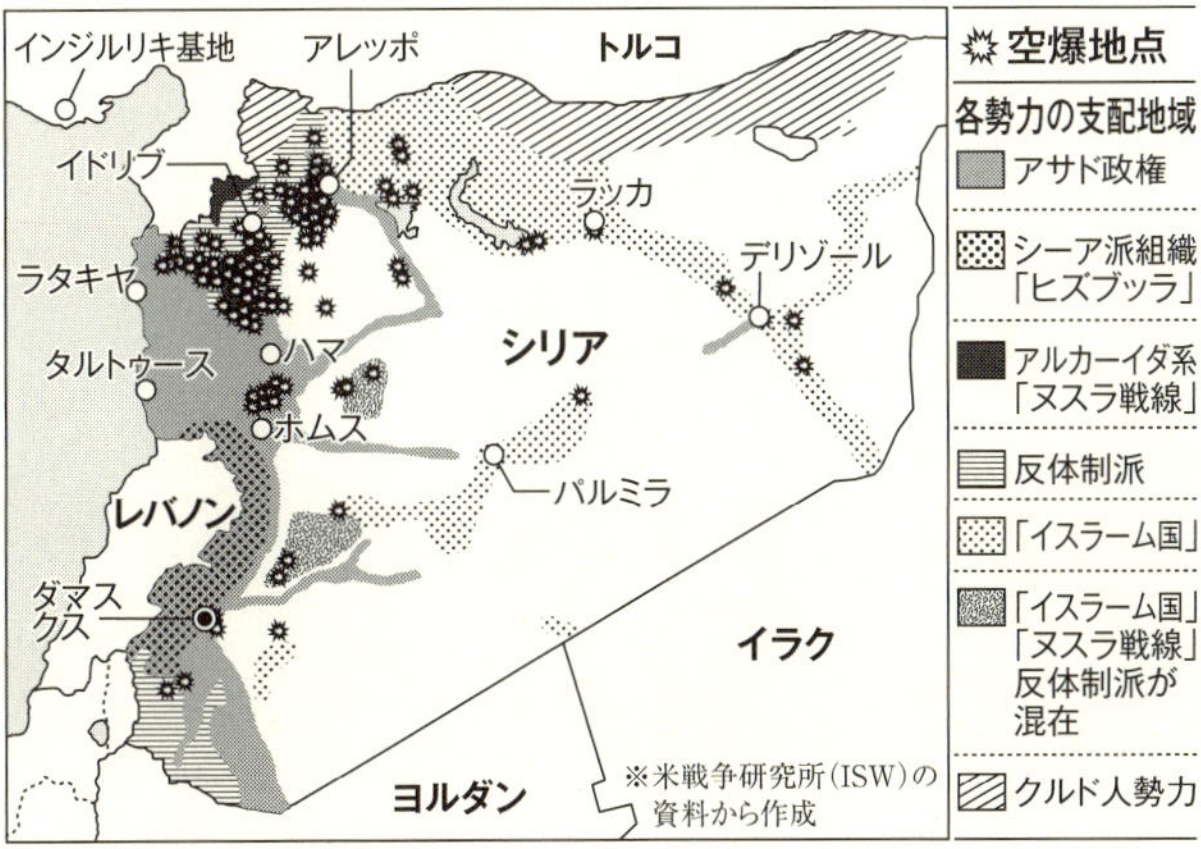

平成27年11月2日産経新聞 朝刊 国際面

シリア問題の解決を難しくしているのは、シリアと呼ばれてきた領域には、いま「国家」と呼べる実存がないというリアリティをどう見るかということだ。

米国務省は、ロシアが空爆でISを狙わない点を厳しく批判した。ロシアのレトリックはのちに、「テロリスト」が目標だと微修正されている。

この批判には、アメリカが支援してきた「穏健派」「反政府勢力」が攻撃されているというニュアンスが込められている。アメリカの主要メディアも同じ論調だ。二〇一五年十月十三日のAP通信の記事で、アメリカ人ジャーナリスト、ケン・デラニアンは、「CIAが二年以上も『穏健派反政府勢力』に武器を提供してきた」とし、「ロシアが空爆やミサイルで攻めたのはこの『穏健派反政府勢力』だ」と報道している。

だが、イスラエル贔屓《びいき》の近東政策研究所のジェフリー・ホワイトは、アメリカが、実際には存在もしない「穏健派反政府勢力」を支援するというマントラを繰り返しながら、アルカーイダのシリア支部（ヌスラ戦線）による現実の脅威から目をそむけている、と非難する。

それに対して、「ロシアは、CIAの想像上の産物である『穏健派反政府勢力』なる集団を攻撃したわけでない」とする見方もある。ヌスラ戦線が中心の「戦略的勢力」に攻撃の焦点を合わせているというのだ。それがシリア北西部のイドリブ、シリア西部のホムスに隣接する地域、イドリブに近いラタキヤという三地方なのである。実際に、アサド政権側はロシアの空爆支援の下に、二〇一六年一月下旬にはラタキヤ県の四〇近い町村を奪回した。

実は二〇一五年三月の大攻勢で、反アサド派勢力がイドリブ地方を掌握したが、その勝利はシリア危機の大転換点とされた。内戦開始以来のアサド体制が受けた、いちばん深刻な挑戦だと考えられたのである。この反政府勢力の大攻勢の主力は三〇〇〇人のヌスラ戦線であった。

この反政府勢力への反攻と壊滅を狙ったのが、二〇一五年秋からのロシア空爆なのだ。

「アサドの調教師」

ちなみに、この反政府勢力の大攻勢（イドリブ作戦）は、サウディアラビアとカタルが、アメリカの承認を得て実施したといっても過言でない。

両国は、ヌスラ戦線などのイスラーム・テロリズムを含む反政府勢力を糾合し、TOW型対戦車ミサイルを含む最新軍事ハードウェアを供与した。その兵器が、決定的なゲーム・チェンジャーとなった。『ワシントン・ポスト』のリズ・スライ記者は、二〇一五年十月十一日にTOWがCIAとサウディアラビアとの取り決めでシリアの武装集団に引き渡され、北西シリアの争奪戦でいちばんの効果を発揮し、アサド体制を脅威にさらしたと語る。

ちなみに、彼らはミサイルを「アサドの調教師」（Al-Asad Tamer）と呼んだ。アラビア語の〝アサド〟は獅子を意味するから、さしずめ「ライオン使い」「獅子使い」の洒落《しゃれ》でもあろうか。

反政府勢力がTOWで制覇し、アサド体制を震撼させた地域を、ロシアが空爆地点としたのは偶然でない。二〇一五年三月にイドリブを落とした勢力への警告と報復の意味が強く込められているといえよう。

しかし、『ワシントン・ポスト』のスライ記者は、イドリブでの反政府勢力の勝利には触れず、CIAプログラムの主要な恩恵者がアルカーイダ系のヌスラ戦線だった事実にも触れようとしない。テロや暴力性においてISとさして変わらないヌスラ戦線が、元在シリア大使のロバート・フォードとその援助プログラムを活用した事実を公開したくないからだろうか。

アメリカ政府やCIAは、ミサイルがジハーディストの手に落ちないシステムをつくっており、ヌスラ戦線にはTOWが二発しか渡っていないと確言する。ハラカ・ハズム（堅固不抜の運動）なる、CIAが支援する北シリアの「穏健派反政府勢力」は、二〇一五年三月にヌスラ戦線に完敗したが、その直後にスライ記者はまったく別の物語を伝えていた。「ヌスラは勝ち誇って公的にこう戦果を述べた。『アレッポに近いハラカ・ハズム本部を占領したときにCIAが提供していたTOWを鹵獲した』」と。

さらにサウディアラビアとカタルが、所有していたTOWをヌスラ戦線に渡したことは、すでに二〇一四年十月にアメリカの副大統領ジョー・バイデンも認めた通りである。

では、スライ記者らは、なぜにいまの時期になってから、CIAが「穏健派反政府勢力」に梃子入れして、北部からアサド体制に脅威を与える力に育てようとしていると示唆したの

TOW型対戦車ミサイル。写真は、米軍のジープに搭載された同型ミサイルが発射された瞬間

か。

反政府勢力がイドリブで勝利を収めて以来、アサド政権の主要な脅威はヌスラ戦線とその同盟者であり、ISではなくなった。少なくとも、どこにいるかわからない神秘的な「穏健派反政府勢力」ではありえない。

オバマ政権もアメリカのマスコミも、現下のシリア情勢でヌスラ戦線の役割を語らないのは、ロシアがテロとの戦いに従事するために、アサド政権最大の国内脅威ともいうべきヌスラ戦線に攻撃の的を絞っているという理屈を、正面から否定できないからだ。アメリカは、反ISと反アサドとの二重戦線にこだわるあまり、双方に対決するジハーディズム勢力(ヌスラなどのテロ組織)と客観的に「共闘」しているかのごとき自縄自縛状態に陥ったのである。

これは、開錠する手段を見いだせないほど矛盾する要素がかみ合い、密接に連動して錠前がかかったインターロッキング装置の典型である。アメリカはシリア情勢で嵌合《かんごう》状態に陥ってしまったのだ。いまのところアメリカは、シリア問題ではロシアの単純明快さと比べるなら明らかに分が悪く、講和処理で敗者への道を歩んでいる。

明瞭に浮かび上がる歴史の不条理さ

一方、ロシアとアメリカの動きを睨みつつ、イラン革命防衛隊の総司令官代理、ホセイン・サラーミーは、シリアへの軍事関与の事実を初めて公然と認めるようになった。また、イランは外交領域でも二〇一五年十月にウィーンで開催されたシリア問題討議の関係国会議に、アメリカの招請を受けて参加することに成功した。こうしてイランは、シリア問題の最大当事者として米欧から公式に認知されたのである。

勢いを駆ってイランは、プーチンとよく似たゲームを演じようとしている。アサド体制を軍事的に支援する建前に立ってシーア派の権益と勢力圏を拡張する一方、核問題に関するウィーン最終合意のひそみにならった米欧との外交的解決もあながち否定しようとしないからだ。

イラン政府は、シリアのアサド大統領の地位と将来について、ＩＳのようなテロ集団の撲滅までシリアの「選挙された大統領」を支持すると公言している。イランはロシアのように、暫定政権の可能性も否定しない。自由な多党制選挙で掉尾《ちょうび》を飾る暫定期があってもよいと公式に提案しているほどだ。ただし、選挙の実施までイランは、ロシアと一緒にシリアのアサド政権の強化を助けることに変わりないというのだ。

こうして、いまやシリア和平の核はアサドの地位をどうするかに絞られつつある。とりあえず二〇一五年秋のウィーン関係国会議が物別れを余儀なくされたのは当然かもしれない。

ロシアとイランの協力は、後者の核開発中止合意において機能したが、これはシリア危機を解決する潜在的な力になるだろう。こうしてシリア危機解決の主導権は米欧から奪われてしまった。いまや両国ともに米欧によるシリアへの各種制裁を失効させようとしており、アメリカにまさる実質的に効果のあるアプローチを中東複合危機で展開している。ゲームはまだ終わっていないが、ロシアとイランは軍事と外交の双方において、アメリカとEU、そのスンナ派中東同盟国よりも先に進んでいるかに思える。

現実に、二〇一六年一月三十一日からジュネーブでシリア和平協議も始まったが、ロシアはアサド退陣に応じる気配はまったくない。そこで姿を現した「最高交渉委員会」なる連合体がどうやら「穏健派反政府勢力」のようである。しかし、国民連合、自由シリア軍、イスラーム軍から成る「穏健派反政府勢力」の存在感は最初から乏しい。そのうえ米欧は、シリア・クルド人の参加を求めるロシアの攻勢や、民主選挙に向けた行程表作りへのアサド政権の注文にたじたじであった。

しかし、「アラブの春」このかた、多くのシリア国民が殺害されるか、難民化した原因は、アサド大統領による自国民への抑圧やテロ暴力にあったことはいうまでもない。そのアサドを究極的に恩赦し免罪することがあれば、アメリカやEUは、これまで何のためにシリアで辛酸《しんさん》を嘗《な》めてきたのか、ということになりかねない。

歴史はすこぶる不条理なものである。しかし現在のシリア戦争とISによるパリ大虐殺を考え合せたとき、歴史の割り切れなさがますます明瞭に浮かび上がるといえよう。

内戦から代理戦争へ、そしてポストモダン型戦争へ

ともあれ、外国勢力の介入とISらの跋扈によって、シリア内戦は凄惨きわまりない状況に陥り、いまや内戦から「戦争」に転化したのである。

通常、内戦といえば、国民が少なくとも二つ以上の陣営に分かれて戦うイメージをもちがちである。日本人であれば、天智天皇の崩御後、その子で後継者の大友皇子と天智天皇の弟の大海人皇子（後の天武天皇）が皇位継承をめぐって争った壬申の乱や、北朝の持明院統と南朝の大覚寺統に分かれた勢力が全国的規模で内戦を繰り広げた南北朝時代、あるいは明治維新を生む陣痛ともいうべき戊辰戦争を思い起こすだろう。日本の内戦には外国勢力の関与はなかった。

日本史の内戦は、ほぼ均衡した勢力が戦う構図であるが、シリアで戦われた内戦はまったく異なる。

アサド体制は、アラウィー派やキリスト教徒の共同体を主たる支持基盤としていた。しかし、この両者は、国内人口の八〇パーセント近くを占めていたスンナ派アラブ人と比べるとあまりに少数であり、著しく均衡を欠いていた。にもかかわらず、力で均衡しているように見えたのは、アサドには空軍兵力があり、空の力関係では優位に立っていた点や、両陣営を外国勢力が支援し足りない力を補っていたからだ。

アサド支援の外国勢力は、ロシアを別とすれば、イラン革命防衛隊はじめイランの影響下にあるレバノン、イラク、アフガニスタンのヒズブッラなど「義勇兵」が多い。ロシアやイランが庇護するアサド大統領は、小さなアラウィー派を含めてもはや誰をも代表していない、と言っても誇張ではない。出身のアラウィー派においても、「その歴史上で最大の虐殺」をしたと揶揄されているほどだ。

一方の反アサド陣営にも、ISを例にとるまでもなく、八〇カ国以上から来た多数のジハーディストやテロリストたちが参加している。

両陣営とも、外国からの資金、兵站《へいたん》、宣伝など、多種多様な支援を受けて内戦を戦っているのだ。米欧対ロシア・イラン、あるいはスンナ派アラブ対シーア派アラブといった「代理戦争」の中心軸にISが絡むだけでなく、ロシアやイランが当事者となることで非常に複雑な対決構造をもつ「戦争」の様相を呈してきた。しかも、ISが主役に躍り出たポストモダン型戦争の性格を濃くしているのだ。

イギリスのフィリップ・ハモンド外相は、「欧米の指導者たちは、もはやどちらが善でありどちらが悪なのか、どちらが善であるがゆえに支援すべきか否かもわからなくなっている」と、シリア戦争の複雑さに言及したことがある。

内戦にも「文法」ともいうべきルールがある。可能な限り生き延びること、そして生き延びるためには可能な限り敵の行為を模倣《もほう》することだ。敵が野蛮なら、自陣営もエスカレートして野蛮な道を歩まざるをえない。このメカニズムがベトナムやアフガニスタンやボスニア・ヘルツェゴヴィナの単純な内戦を複雑な戦争に変えてしまった。

アサド大統領はその父と並んで確かに苛酷な独裁者であった。同時に、その残酷さにいっそう輪をかけたのがＩＳの殺人者たちである。

しかも、内戦あるいはそこから発展した戦争は、簡単に引き分けでは終わらない。歴史的実例を見ると、それがどれほど過酷な犠牲を強いるものであっても、いずれかの全面勝利まで終わらないのが、これまでの多くの内戦の姿であった。つまり歴史的には、いずれかが無条件で降伏するか、国外追放や流刑の処分を受けるか、で終止符を打つことが多かったのである。

さらに外国勢力が絡んでいる場合には、単純な停戦では終わらない。第二次世界大戦以降、二四〇〇もの内戦が発生しているが、その中には数十年間も続いた戦争もある。関与している外国勢力の一方あるいは双方ともに兵力を引き揚げなければ、内戦から生じた戦争は容易に終わらないのだ。

欧州へ向かうシリア難民審査の厳格化

こうして内戦の長期化による戦争の凄惨ぶりは、シリア国民に筆舌に尽くせぬ苦難を与えることになった。国連難民高等弁務官事務所（ＵＮＨＣＲ）によれば、人口二二〇〇万から二三〇〇万人のシリアにおいて、二〇一五年末の時点で四二〇万人を超える難民が国外へ脱出した。国内では、少なくとも七六〇万もの人びとが家や故郷を失い、国内難民と化してしまった。国外に出た難民のうち、数十万人規模の人びとがヨーロッパを目指した。

二〇一五年九月、クルド系シリア人の少年アイラン・クルディ君（三歳）の遺体がトルコの地中海岸の保養地、ボドルム近くの海岸で見つかった事件は、世界中に映像や写真とともに報道され、大きな衝撃を与えた。彼は母と兄と一緒に、ボートに乗ってギリシャ領の島を目指していた。三人は、生命さえ危険なシリアから「自由への道」を求めて避難しようとしたのだ。

だが、その道は永久に閉ざされてしまった。彼らの遺体は、故郷であるシリアのコバニに埋葬されるために祖国へ戻された。なんという痛ましさであろうか。

このニュースが配信されると、ヨーロッパでもシリア難民に同情する声が高まった。

トルコ南西部ボドルム近郊の海岸で発見されたアイラン・クルディ君の遺体を抱えるトルコ警察官(写真:AFP＝時事)

私は二〇一五年八月下旬から九月上旬にかけて、ヨーロッパ(ドイツ)からアラブ首長国連邦、さらに中央アジアに飛び、カザフスタンではアルマトゥとアスタナ、ウズベキスタンではタシケントとサマルカンドのそれぞれ二都市を回ったが、この出張の最中に、どこの国でもテレビや新聞のトップを飾っていたのは、ハンガリー経由でドイツやオーストリアに向かっていたシリア難民の流れであった。私がミュンヘンを出発して二日後に、ハンガリーのブダペシュト西駅から大挙して難民がミュンヘンに入ってきたのである。

ヨーロッパ滞在中、私は新聞やテレビを通して毎日のようにヨーロッパの国境を横断していく難民の姿を目の当たりにし、シリア人が中東で経験した恐怖や苦難の一端を垣間見る気がした。ヨーロッパ側は、現在起きている情勢を「第二次世界大戦以来最も深刻な難民危機の到来」と捉えていた。

だが、いずれにせよ、あまりにも難民の数が多すぎる。ドイツ政府は二〇一五年十二月も押し迫ってから、やむなく難民審査を厳格に実施することにした。同年だけで一〇〇万人の難民が入国しただけでなく、最大二五万人の入国者が難民登録申請をせずに行方不明になっているからだ。スウェーデンなど別の目的地に行くならいざ知らず、ジハーディストや犯罪者が紛れ込んでいる証拠も挙がっている。パリ大虐殺の自爆犯二人が難民を装って偽造旅券を使い、そのテロとの関連で逮捕された男二人もザルツブルクの難民収容施設に偽造シリア旅券で住んでいたのである。

父祖伝来の土地、国の退去を強いられ、生命を賭して渡海してヨーロッパに入国したシリア人難民には、祖国復帰にまだ高い壁があるだろう。

その一方、テロ、暴力、殺人などの犯罪に加担すべく、アフガン人やチェチェン人からイギリス、フランスなどのヨーロッパの若者に至るまで、イスラームのジハーディズムに魅せられた者たちがＩＳに吸引され、大挙してシリアに入国する現象も起きている。彼らがその祖国に帰るのも極めて難しいのは、まことに奇怪かつ皮肉な逆説だといわざるをえない。

湾岸諸国は一部でいわれるほど利己的な国家ではない

ヨーロッパを目指すシリア難民の姿が大きく報道されると、一部では、シリアの近隣諸国や湾岸協力会議の諸国（アラブ首長国連邦、バハレーン、クウェート、オマーン、カタル、サウディアラビア）は「無為のままに目をそむけるだけではないか」という見方が広まった。

だが、これはシリア難民の数が想像を絶していたために生じた誤解である。確かにヨーロッパは数十万人規模の難民流入に直面したにせよ、その背後にはシリアの国内外難民を合わせると一〇〇〇万を超える規模の大群がいるのだ。

UNHCRによれば、二〇一五年夏の時点でシリア難民はトルコに一八〇万人、レバノンに一一七万人、ヨルダンに六二万人、イラクに二四万人、エジプトに一三万人、その他の北アフリカに二万人が避難している（ちなみに、レバノンやヨルダンの難民対策費用の相当部分は湾岸諸国から寄せられた）。アントニオ・グテーレス国連難民高等弁務官の表現を借りれば、「状況の悪化により、ヨーロッパなどを目指す難民も増えた。しかしそれを上回る数の難民がシリア周辺国に留まっている。周辺国に避難したシリア難民、またシリア難民を受け入れているコミュニティはすでに絶望的な危機に直面しており、これ以上の負担を強いるわけにはいかない」と語るほどの状況が現れていたのである。

難民受け入れについては、アラブの春が広がって以来、アラブ首長国連邦、カタル、サウディアラビア等では、もともとそこに居住していたシリア人の父親や家族は、シリアに残された残りの家族を呼び寄せ、一緒に生活することを認められた。新たな難民として家族が丸ごと移住してくる場合には、一括承認の手続きを進めることにより、数千人単位で受け入れてもいる。

サウディアラビアはビザの獲得がなかなか難しい国である。それでもシリア人については特例として、ビザ更新の面倒な手続きを免除し、労働許可証獲得の簡素化や免除措置を実施することで難民問題にも対応している。サウディアラビアには、いま五〇万人のシリア人が在住しており、エジプト人とイエメン人に次ぐ第三番目の外国人集団を形成している事実はもっと知られてよいだろう。難民といえば、どうしてもシリア人だけを連想しがちだが、同じく内戦を経験しているイエメンからも多くの難民が発生している。イエメン人はサウディアラビアで一〇〇万人を超えたらしい。サウディアラビアに入ったイエメン難民たちは、すべて在留と労働が許可されている。

産油国の湾岸六カ国は一部でいわれるほど利己的な国家ではない、ということだ。本来の国民と移民・難民との間にある待遇や権利の差異はまた別の問題である。

湾岸諸国はそもそも、仕事と生活の利便のために外国に広く門戸を開放している国である。しかも、彼らはかねてから、スーダン、ソマリア、エリトリアなどアフリカの国々、さらにアフガニスタンの戦争や政治的迫害から逃れた難民を受け入れてきた。これが目立たないのは、難民キャンプのようなテント生活や集団生活を強いられておらず、各国の社会において、それぞれの能力や事情によって雇用機会を見つけ、アラビア語を使って日常生活を送っているからだ。

それでも、湾岸での市民の人口比率に占める外国人の割合や数を考えたとき、無制限の難民受け入れが難しいのはヨーロッパと同じである。アラブ首長国連邦やカタルでは、人口の八〇パーセント以上がすでに外国人になっている。クウェートでは五〇パーセント、サウディアラビアでは四〇パーセント、バハレーンでは人口の三〇パーセント以上が外国人なのである。

難民を多数受け入れている人道的イメージの高いヨーロッパでも、ここまで高い外国人比率は、さすがにお目にかかれない。イギリスの外国人比率はおよそ八パーセント、ドイツやギリシャも、ほぼそれに近い数字である。ちなみに日本の外国人比率は人口のおよそ二パーセントにすぎない。

こうした実態を見ていけば、難民問題について中東とくに湾岸のアラブ諸国を批判することはフェアとはいえない。難民問題と絡めて湾岸諸国を非難する論者の中には、君主制国家批判という、直接には難民と因果関係のない問題を好んで取り上げる人びともいる。このような論難はかえって問題をぼやかす結果になるだろう。王政や君主制国家を絶対悪と見る立場から色眼鏡で見る立場は、難民問題の解決に決して直接的なプラスにはならない。

難民の〝楽観的幻想〟が挫折するおそれ

ヨーロッパでも難民受け入れに前向きであった国、ドイツやスウェーデンについては、その人道性をひとまず高く評価して然るべきであろう。

意外に日本では知られていない事実だが、一九七〇年代のレバノン内戦以来、難民に最も温かく接し、そして受け入れてきたヨーロッパ有数の国は、ドイツであった。二〇一五年一月から十月まで、ドイツに入国した難民や移民の数は七五万人以上にのぼり、そのうち、二四万人がシリアからの難民である。

もちろん、こうした受け入れの動機が若年層の人口減少に伴う労働力の確保にあることも疑いない。難民だけでなく外国人の移住者や労働者に対して冷たいとか、差別的だと聞くことも多い。しかし、ともかくドイツが多数の難民を受け入れてきた事実は、まず評価すべきだろう。

他方、ドイツだけの善意と負担だけでは難民問題の解決が難しいのも事実なのだ。確かに、シリア難民や他のアラブ難民は、ヨーロッパの温かさを期待してドイツに引き寄せられている。とはいえ、社会的かつ経済的なリアリティに照らせば、彼ら難民の〝楽観的幻想〟は、遠くない将来に挫折するおそれもある。ヨーロッパにおいては、ドイツでもフランスでも、しばしば極右政党が政治力として伸び、議会に議席をもつことが多々あるからだ。極右政党や、それを支持する一部国民には、難民への危機感やムスリムに対する拒否反応もあることを素直に見ておくべきだろう。

ことに、二〇一五年十一月のパリ大虐殺は、ヨーロッパの人道性やEU統合の大きな蹉跌《さてつ》でもあった。ヨーロッパ人は、シリア難民に同情を寄せ、善意から彼らを受け入れているが、その一方で、パリ大虐殺の実行犯の一部がシリア難民に紛れてヨーロッパに入った可能性も浮上している。

ヨーロッパの善意につけこみ、市民の誠意を裏切り、悪用するテロや殺人はこれからも根絶できない。これは、難民に対するヨーロッパ市民の危機感を高め、二〇一五年十二月のフランス州選挙の第一次投票で極右の国民戦線を躍進させた要因なのである。二〇一七年に予定される大統領選挙でもルペン党首が立候補する予定であり、選挙戦の大きな焦点はフランスのイスラーム化や難民問題にも向けられるだろう。シリア戦争の推移やＩＳの動向とも関連して、中道の左右両派ほかが連合しなければ、ルペン党首が大統領に選ばれる可能性も荒唐無稽とはいえない。

第七章

新露土戦争の危険

——二つの帝国

政治外交の主要プレイヤーから戦争当事国へ

二〇一五年十一月二十四日、トルコとシリアの国境付近で、トルコ国防軍のF16戦闘機がロシア空軍のSu（スホイ）24戦闘爆撃機を撃墜した。ロシア空軍のSu24は、シリア軍への空爆支援のために、トルコ国境に近いシリア北西部の基地から出撃していたのである。

だが、そもそもロシアは、二〇一四年二月以来のウクライナ危機との関連において、黒海でもトルコの領空を幾度となく侵犯していた。二〇一五年三月、二〇一四年三月には、ロシアの戦闘爆撃機が黒海のNATO軍艦群に予告なくロックオン（ミサイル発射のためのレーダー照準）をかけている。

二〇一五年十一月二十三日、プーチンはテヘランを訪問し、イランの最高指導者ハーメネイーやロウハーニー大統領と会談をおこなった。ここでプーチンは、イランへのS300対空ミサイルの売却契約を結んでいる。

中東情勢は二〇〇七年のプーチンによるイラン訪問のときと様変わりしてしまった。その時分にはまだ二〇一一年のアラブの春は発生しておらず、二〇一四年六月のISによるカリフ制イスラーム国家の樹立宣言もなされていなかった。そしてプーチンも、中東やグローバ

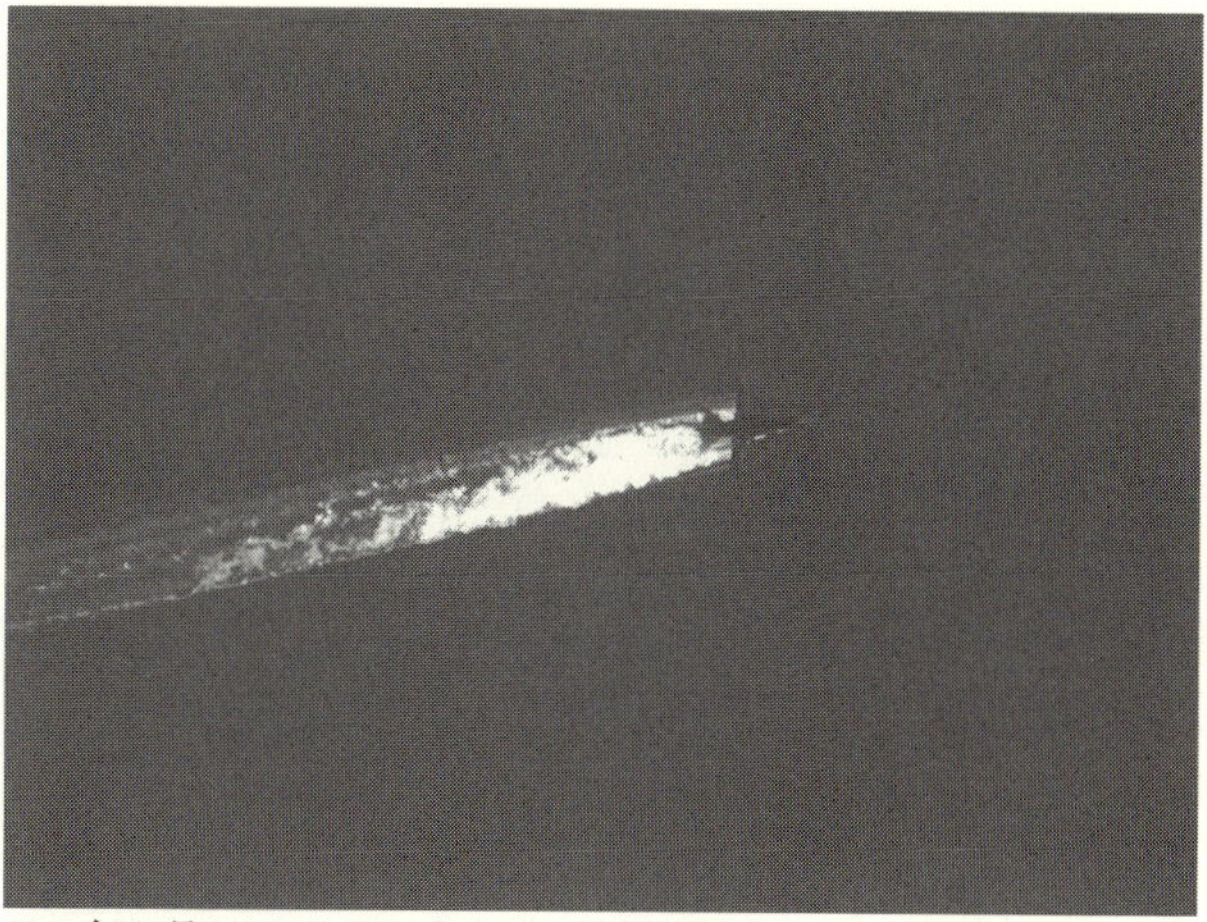

2015年11月24日、トルコとシリアの国境付近でトルコ軍に撃墜されたロシア空軍のSu24戦闘爆撃機（写真：AA ／時事通信フォト）

ルな規模で指導性を発揮する力をまだ蓄えていなかった。

二〇一五年十一月二十日、ロシアは国連安保理にＩＳに対するテロとの戦いに関する決議を提出した。プーチンの活動は加速化している。もはや彼は、シリアなど中東問題の受け身のプレイヤーではありえず、重要なプレイヤーのふりをする存在でもなくなっていた。プーチンは本質的に政治外交の本格的なプレイヤーであり主要プレイヤーになっただけではない。ロシアはいまやシリア戦争の当事国なのである。

同年十月のシリア問題を討議したウィーン会議でも、プーチンはイランの参加を米欧に認めさせた。その後も、フランスのオランド大統領やヨルダン国王のアブドゥッラー二世と会い、十一月三十日にはパリで開かれた国連気候変動枠組条約の第二一回締約国会議（COP21）の開催に際して、再びフランスのオランド大統領やイスラエルのネタニヤフ首相、ドイツのメルケル首相と会談した。

しかしロシアは、二〇一五年九月末にシリアへの空爆を開始してから同年末までに、一八〇人の子供を含む市民七九二人を殺害したという（在英シリア人権監視団）。同監視団によれば、ISの戦闘員六五五人、米国などが支援する非IS系反体制派の戦闘員九二四人も殺害されており、ロシアの空爆で殺害された人数は合計で二三七一人にのぼる。

内戦や内乱や戦争の覚悟をしながら、部分的に軍事行動（熱戦）をおこなうことも辞さないロシアや中国やイランが、国際政治における大きな決定要因となっているのである。シリア問題においても、彼らが暫定的な「ブロック」や有志連合を組みながら米欧と対決する状態がしばらく続くであろう。

なぜトルコ軍のロシア機撃墜事件が起きたか

このような状況下で、トルコ国防軍によるロシア空軍機の撃墜事件が発生したのである。

トルコは撃墜について、「ロシア空軍の戦闘爆撃機がトルコ領空を侵犯したのに対し警告を繰り返したが、そのまま領空侵犯を続けたので撃墜した」と主張する。それに対してロシアのプーチン大統領は、「トルコとの国境から一キロのシリア領空で撃墜された」「爆撃機はトルコに脅威を与えていなかった」「トルコがわが国の飛行機を撃墜したのは、トルコ領土への石油供給ルート（ISの石油密売ルート）を守りたいためだった。こう結論する根拠はいくらでもある」とすぐに反論した。

トルコ軍によるロシア空軍機撃墜は、ロシアが中東で新たに地域区分と線引きのやり直しを進めることへの異議申し立てと受け止められた。だがトルコは、後述するようにエネルギーの観点から見れば、イランと並ぶ供給国ロシアの「属国」あるいは「衛星国」にすぎない。これまでトルコのエルドアン大統領は、他者に厳しくても、ロシアのプーチン大統領を名指しで批判したことはなかった。

ロシア、ましてやプーチンと事を構える意志のないエルドアンは、何故に撃墜という挙に出たのだろうか。

実のところロシア軍機は、シリア空爆の開始後、これまでもトルコの領空を幾度か侵犯している。五分以上にわたってSu30などがトルコのF16にレーダー照射を合わせ続けたこともあったという。トルコとNATOは「すこぶる危険」と抗議し、NATO事務総長イェンス・ストルテンベルグは、トルコ南部への地上軍派遣を提案したほどだ。

ロシアは、二〇一四年十月下旬にノルウェー、イギリス、エストニア、ラトヴィア、リトアニア、トルコの領空に近接して飛行訓練をしている。彼らが「ノストラ・マーレ」（われらが海）と見なしがちなバルト海でも同じである。二〇一四年八月にロシアの重装備空挺隊員がウクライナ東部に降下してウクライナ治安当局に拘束された事実も、シリア危機におけるトルコ領空侵犯と同じように「偶発的事件」と説明された。

ちなみに、NATOによるロシア軍機の撃墜は、一九五二年を最後に起きていない。冷戦期の露土関係においても起きなかったのに、いま、なぜ生じたのだろうか。しかも、トルコ軍機はあらかじめスクランブルして上空で待ち伏せしてSu24を撃墜したというトルコ人学者の説もある。

ロシアが黒海とシリアで何度目かに侵犯したときに、トルコとNATOは「最後通牒」を発して「ポイント・オフ・ノーリターン」に入っていたという分析もある。今回は他に選択肢がもはや残されていなかったというのだ。エルドアン大統領は、二〇一五年十一月の選挙で自らが率いる公正発展党（AKP）の絶対多数獲得による権力基盤の強化で自信を深め、外交や安全保障でのトルコの能力を過信したのかもしれない。しかしロシアは、アルメニアやギリシャやシリアといったレベルの小国ではない。

イスラエルもシリア方面からロシア軍機に領空侵犯される憂き目に遭っているが、迎撃や撃墜の挙には出ていない。それはロシアがイスラエルと戦争をする意志をもたないことを知っているからだ。エルドアンによる国防軍の掌握によって、トルコはイスラエル軍との軍事協力や情報交換の慣習を失い、イスラエルのように政治と軍事を複合した高度な判断を下せる能力を失っているのかもしれない。

いずれにせよ、この事件は露土関係に由々しい事態を招いている。

第三次世界大戦の導火線になるのか

ロシアはトルコへの報復として経済制裁を発動し、投資や輸入、人的交流などを制限するとともに、ロシアがトルコで進めていた原子力発電所の建設や、トルコ経由で天然ガスを輸出するためのパイプライン建設などもさしあたり中断するだろう。

トルコによるロシア軍機撃墜の背景には、ロシアが、シリア北部の反体制勢力であるトルクメン系武装組織を空爆していた事実があったことは間違いない。

トルクメン系勢力は、トルコ系の兄弟民族であり、これまでトルコが積極的に支援してきた存在である。ロシアは、「ＩＳを攻撃する」としながら、その一方でシリア政府と敵対していたトルクメン系武装組織を、シリア政府軍と共同で攻撃していたのである。

ロシアの態度に対しては、アメリカのオバマ大統領も「トルコには、自国の領土と領空を守る権利がある」「ロシアが、穏健な反政府勢力を攻撃していることが問題だ」と述べ、トルコを支持した。北大西洋条約機構（ＮＡＴＯ）も、十一月二十四日に加盟国トルコの要請で緊急理事会を開き、ロシア軍機がトルコの領空を侵犯したことを確認した上で、ＮＡＴＯ事務総長は「ロシアはＩＳが存在しない地域を標的にしている」と批判した。

これまでの歴史の中で、ロシアとトルコは幾度も戦ってきた仇敵である。十八世紀後半以降だけでも、一七六八～七四年、一七八七～九一年、一八〇六～一二年、一八二八～二九年の四度にわたる露土戦争が戦われ、一八五三～五六年のクリミア戦争でも交戦している。長い対立の歴史があるだけに、ひとたび衝突するや両者は国民世論を意識して、半歩さえ退く姿勢を見せられない。プーチンとエルドアンの両者にとって支持率に直結する問題なのだ。

二〇一五年十二月三日にはセルビアの首都ベオグラードで、トルコのチャブシュオウル外相とロシアのラブロフ外相が会談したが、お互いの主張は平行線をたどるのみであった。セルビアはロシアの兄弟民族ともいうべき南スラヴ系の国であり、セルビア人の青年が一九一四年にボスニア・ヘルツェゴヴィナの首都サラエボで当時のオーストリア帝国の皇太子フェルディナントを暗殺して、第一次世界大戦の導火線に火をつけたことでも知られる。汎スラヴ主義を介してロシアにつながる伝統は消えておらず、ベオグラードでの会談に応じたのはトルコの宥和的な姿勢を物語るものだ。

この撃墜事件は、後世から歴史を回顧するなら、第二次冷戦とシリア戦争を深め第三次世界大戦の危機を瞬間的に覗《のぞ》かせる契機になった事件と目されるかもしれない。トルコの行為は、中東の地政学で新たな勢力分布の再編と国家の線引きを試みるロシアにとって正面からの挑戦と受け止められた。

トルクメン人と「動くパイプライン」

いま述べたように、撃墜事件の背景として大きいのは、シリアに住むトルクメン人とクルド人の民族問題であろう。トルコのハタイ県（アレクサンドレッタ）に接するシリアの要衝に、バユルブジャクという場所がある。そこは北シリアから東地中海に抜ける要地であり、アサド政権支援のための軍事介入に踏み切った（二〇一五年九月末〜）ロシア軍の力を背景としたシリア政府軍が、その地の数拠点を確保した。

そこにはトルコ人の兄弟民族トルクメン人が住んでいる。しかし、黙っていれば、トルコのPKK（クルディスタン労働者党）のシリア出先ともいうべきPYD（民主連合党）とYPG（人民防衛部隊）がつくろうとする北シリアの自治国家に編入されるか、その影響を受ける可能性のある土地でもある。

トルコ政府はシリアのクルド人組織をPKK同様にテロ団体と見ており、対抗上同じスンナ派のISを支援するか活動を黙認してきた。ISが潰《つい》えてクルド人の自治国家ができれば、トルコには領土的に接触するアラブの隣国が消えてしまいかねない。これは、隣接するアラブ地域への影響力を強めようとするダーウトオウル首相が外相時代に掲げた新オスマン外交や「隣国との問題ゼロ」外交の最終的な破綻を意味する。

そのため、トルコにとって、PYDの国家建設とクルド人の地中海接壌を阻止し、内陸部に封じ込めるのは地政学的にも必要不可欠であった。PYDによるトルクメン人のエスニック・クレンジングを妨げるには、アサド政権を消滅させるだけでなくPYDを弱体化しなくてはならない。トルコの狙いは、トルクメン人を米欧や北大西洋条約機構（NATO）の支援でつくるべき「安全地帯」もしくは「飛行禁止地帯」へ編入することにあった。

この安全地帯にはアレッポ北部とイドリブのスンナ派アラブ人居住地も含まれ、いずれシリアの分割が既成事実となる中で、北シリア独立国家の基盤になるはずだった。しかし、ロシアによるシリア内戦への参入は、トルコの調整能力の限界と相まって、北シリアの分離独立構想を難しくしたのである。

トルコは反アサド派を支援してきたが、そこにはISも入っているというプーチン大統領やペスコフ大統領報道官らの批判は、エルドアン大統領の娘婿ベルト・アルバイラクがエネルギー大臣としての地位を利用してISからの密輸ルートを守っている、と利権絡みの不純な動機を強調し、そのためにロシア軍機を撃墜したと非難するまでにエスカレートしている。また、エルドアンの実子はシリアの考古学遺品の密売に従事していると批判された。プーチンは十一月二十六日にフランスのオランド大統領と会談後の記者会見で、「略奪された石油」の車列が昼夜シリアからトルコに入っている様を「まるで動く石油パイプラインだ」と形容している。「トルコ政府が知らないというのは信じがたい」とも述べた。

反対にアメリカ政府は、ISとアサド政権が裏でつながり、石油を売買していると考えている。米財務省は同年十一月二十五日、シリアとロシアの二重国籍をもつシリア人実業家を、資産凍結などの制裁対象に指定した。エルドアンもISから石油を買っているのはアサド政権だとロシアを非難した。一方、シリアのムアッレム外相は十一月二十七日にモスクワにおいて、トルコ軍がロシア軍機を撃墜した理由はエルドアンの女婿の石油利権を守るためだと広言した。

また国内問題との関連でも、プーチン大統領としては、「アサド政権を守り、ISの軍事部門指導部のチェチェン人らをロシアに戻さない」という基本線を譲れないのである。

トルコの戦略的優位性の揺らぎ

トルクメン人やクルド人の問題が二十一世紀の新露土戦争の引き金になるのは、トルコにとって合理的選択ではない。フランスはISによるパリ大虐殺を受けて、シリア戦争の処理についてロシアやイランと連合を組むことで手打ちに入った。フランスは、アサド大統領が暫定政権に残る問題については妥協するだろう。米英は遅かれ早かれこれに追随する以外に現実的選択肢をもたないからだ。

客観的情勢を見れば、ロシアは撃墜事件を最大限に利用する勝者となり、トルコは新露土戦争をなんとしても回避しなくてならないという意味でも敗者となっている。シリアの反アサド勢力とトルクメン人も「そばづえ」を食ったとはいえない敗者になった。

ロシアは危機解消の条件としてトルコに責任者の処分だけでなく、トルクメン人支援や北シリア（アレッポ）での戦闘関与の中止を求めるだろう。ＩＳとの関係断絶も明示的に求めるのは当然であろう。これらはシリアにおけるトルコの戦略的優位性の放棄を求めるのと同じである。ロシアは、トルコが「テロ組織」と見なしてきたシリアのＰＹＤとＹＰＧのクルド人組織に対する援助を公然と強化するに違いない。

いずれにしても、ロシアは今回の撃墜事件をシリア問題において最大限に利用しているが、トルコにはこれといった切り札がない。

他方ロシアは、シリアにおいてトルコが築き上げてきた戦略的優位性の放棄を求めることに疑いないのだ。

しかしロシアも過度にトルコを追い込めない。過去の露土戦争の経験、ギリシャやキプロスに対するトルコの世論硬化の先例を見れば、ロシアとの「熱戦」を煽る排外主義が起こり、トルコ国内の反クルド感情と結びついて「対露硬」ともいうべき世論が強まらないとも限らない。

第一次世界大戦は、主要プレイヤーの誰もが戦争を必ずしも望んでいたわけではなかったにもかかわらず、すでに言及したオーストリア＝ハンガリー二重帝国の皇太子夫妻が暗殺されたサラエボ事件をきっかけに同盟関係の連鎖で戦争が拡大し、ついには一〇〇〇万人にものぼる人びとが戦死する凄惨な大戦争になってしまった。戦争はあまりにも莫大な被害をもたらしたばかりでなく、ロシア革命によってロマノフ朝は終焉し、第一次大戦の敗北でオスマン朝は消滅した。その轍《てつ》をロシアとトルコが踏まないとは、誰も言い切れないところに、この撃墜事件の恐ろしさがあるのである。もし新露土戦争が起これば、ＩＳらのポストモダン型戦争と交叉《こうさ》することで第三次世界大戦へのシルエットが浮かび上がってくる。

クルド人とＩＳ、どちらが「ましな悪」か

そもそもトルコは、中東型民主主義の模範とされた国である。そのトルコが、ロシア軍機の撃墜に踏み切った理由を知るヒントは、今度の事件から半年前の二〇一五年七月に起きた武力衝突にある。スルチュという国境沿いの町の政治集会を攻撃したＩＳに対して、これまでＩＳにまず好意的だったトルコ国防軍が報復を加えたときにさかのぼる。

住民の一部にいたクルド人は、報復絡みでＩＳとの衝突を繰り返していた。そのうえ同年六月の総選挙を意識して、エルドアンはトルコ国防軍にクルド人を攻撃させることで、情勢はますます複雑さを極め、三つの事態が同時に進行するようになった。

1．トルコ政府による、ISと戦うトルコとシリアのクルド人との対決の復活
2．トルコ政府による、クルド人たちと戦うISへの間接支援から対決への変化
3．ISとクルド人との衝突激化とトルコ国防軍の介入

この段階で、エルドアン大統領と与党の公正発展党（AKP）政権は、それまで現実には軍事的に対決していなかったにもかかわらず、二つの敵をあえてつくったのだ。

しかも、ISと、トルコとシリアのクルド人は互いに敵同士の関係にあった。トルコ国内のPKK（クルディスタン労働者党）は、長いことEUによってもテロリストと批判されてきた組織である。それでも、エルドアンは二〇一三年に和解を成立させ、国内での平和プロセスも進捗していた。そしてアメリカやヨーロッパは、PKKを含めたクルド人を、ISと対決できる貴重な地上兵力として高く評価してきた。

一方、PKKを敵視してきたトルコは、むしろ国内をISの義勇兵が秘かに通り、資金や物資が通過することに素知らぬふりをしていた。これはISのテロリストの自由行動を黙認していたに等しい。

この中でエルドアン大統領は、国内政治のレベルで追求してきたPKKとの二年に及ぶ休

戦プロセスの実験に終止符を打ち、年来の宿敵ＰＫＫとの全面的対決に切り換えたのである。従って、シリアのクルド人（クルド民主同盟党ＰＹＤとその軍事組織ＹＰＧ）とも公然と戦う決断を下したのだ。この転換は、アメリカ主導の反ＩＳやテロとの戦いの枠組みで正当化されると考えたのだろう。

それではエルドアンは、何故にこのタイミングで二つの敵をあえてつくったのだろうか。

エルドアンは、アメリカ主導の反ＩＳの戦いにしぶしぶ重い腰を上げる見返りとして、国内クルド人つまりＰＫＫと武装対決することで選挙の反クルド票の取り込みを狙ったのだろう。典型的な外交の内政化である。そしてバーター取引の材料として、ＩＳとの対決姿勢を明確にしたのである。

これは、かつてタリバンとの対決を余儀なくされたパキスタン、とくに軍統合情報部の立場に似ている。それまで最大のスポンサーにして援助者だった組織体が、外部（アメリカ）の圧力によって自分の手下か友好団体だったタリバンに刃を向ける政治力学にほかならない。

露土関係の悪化がトルコのシリア政策をますます窮地に追い込む前にさえ、エルドアンが二〇一五年七月二十四日に、アメリカとの軍事安全保障協定を結んだのは、八方ふさがりともいうべき状況を打開するためであった。トルコはそのとき、米英にＩＳ攻撃のためにトルコ南部のインジルリキ基地の利用を承認している。インジルリキからイラクのＩＳの展開拠点までの距離は三〇〇キロメートルにすぎず、ユーフラテス川以西六八マイルの地域にＩＳを駆逐する計画をもつアメリカにとって重要な成果であった。

しかし私は、エルドアンのホンネを象徴する漫画が、トルコのメディアに掲載されたのを記憶している。漫画のエルドアン大統領は片手に六個の爆弾をもっている。そして、もう片手に爆弾を一発だけもっているのだ。六つの爆弾には、いずれもクルド人に落とすと書かかれている。そして、もう一発にはＩＳに落とす爆弾だと明記されている――。

この漫画の暗喩は、「どちらの敵とも対決するが、クルド人が主要な標的であり、六発落とすのだ。エルドアンは、本当のところＩＳを攻撃したくない。だから、一発だけ落とす」ということである。

しかし、私はこの漫画を見ながら、もう少し先に本当のオチがあるのではないか、と思わざるをえなかった。つまり、クルド人に落ちるべき爆弾はクルド攻撃に使われるが、ＩＳと書いてある爆弾さえもクルド人に落とされるのではないか、ということだ。ＩＳと戦うのを忌《き》避《ひ》しがちなトルコ人の感覚をよく示しているといえよう。

エルドアンのＩＳ攻撃は「しぶしぶする」ものであり、クルド攻撃は「喜んでする」ものなのだ。彼にとって、ＩＳはホンネで「ましな悪」なのだった。

さらに、二〇一五年七月のウィーンにおけるイランとの核最終合意も、トルコを憂慮させる要因であった。最終合意はイランに数十億相当の貿易とビジネス・チャンスを与える。

このせいもあってＥＵは、革命防衛隊をテロ団体リストから外すという噂がすでに流布した。ドイツは、ビジネスのためなら中国の人権状況を無視してＡＩＩＢ（アジアインフラ投資銀行）に最初から参加するなど、何でもやるようなところがあり、革命防衛隊をテロ団体リストから外すくらいの小細工は、〝茶の子の茶の子の朝茶の子〟くらいのものだ。

日本が制裁解除を検討中という報道も、イラン内部から早くに流されていた（二〇一五年七月二十六日付国営「イラン・ラジオ」日本語放送）。これは明らかに日本や日米関係を攪乱しようとする動きであった。

いずれにせよ、イランから革命防衛隊経由で現金がシリアのアサド体制に流れ込み、レバノンのヒズブッラも強化される事態はトルコにとって最悪なのである。ウィーン最終合意は、シリアやイラクのシーア派民兵に「白紙小切手」を切るも同然の妥協だったという解釈は正しい。実際に、二〇一五年十二月に入って、イランが核開発を再開していないという理由から国際制裁の最終的な解除に舵が切られた。

「隣国との問題ゼロ」外交の破綻

こうした一連のプロセスは、エルドアンが二十一世紀に入って展開したプラグマティックな外交の破綻を意味している。その外交は「隣国との問題ゼロ」外交を謳っただけでなく、EU加盟を最優先する従来のヨーロッパ主義から中東アラブを志向するネオ・オスマン主義外交に大きく舵を切ったはずであった。

これまでエルドアン率いる公正発展党（AKP）政権は、中東での立ち位置にすこぶる楽観的であった。二〇一二年四月、当時のダーウトオウル外相は「いまからトルコは中東での変革の波を指揮する」と大見得を切ったものだ。もちろん、二〇一〇年末から二〇一一年にかけて中東に吹き荒れたアラブの春の騒乱を背景とした発言であることはいうまでもない。

また二〇一二年九月には、エルドアンはアサドがまもなく打倒されると楽観的に喜びを語っていた。「神が喜び、われわれもダマスクスに喜んで出かける。サラディンの墓廟でファーティハ（『クルアーン』冒頭の開扉章）を読誦し、ウマイヤ・モスクで祈りを捧げる」。

二人とも、トルコの二〇〇二年の選挙でAKPが勝ったように、アラブ各国がトルコ型の民主主義的変革に成功すると確信していた。

しかしシリアのアサド政権は試練をもちこたえ、シリアでエルドアンの主張を代行したスンナ派のムスリム同胞団はかえって勢いを失墜し、そこで生じた政治的真空をＩＳなどのジハーディスト集団が埋めたのである。

エルドアンの妥協を知らぬ対外政策はトルコを孤立させた。イエメン、シリア、エジプト、イスラエル、リビアにはトルコ大使はもはやいない。エルドアンの庇護したムスリム同胞団とムルスィー大統領を倒したエジプト軍出身のシーシー大統領への敵愾心《てきがいしん》、トルコによるパレスチナのハマス支援を批判するネタニヤフ・イスラエル政権との断絶、二〇一一年のシリアの内戦勃発からアサド打倒でカタルと緊密に協力した事実は、すべて密接に連鎖しているのである。

事態が順調であるかのように見えたのは、スンナ派アラブ君主国、とくにカタルとの同盟や協力くらいのものであった。

しかし、アサドのシリア政府軍が疲弊する一方、ＩＳとクルド人という反アサドで共通する両者が互いに戦い、三つ巴のように争いが繰り返されるカオスに突入してしまった。トルコでは、「シリアでクルド人のＹＰＧが反ＩＳの名目でスンナ派アラブ人へのエスニック・

クレンジングを進めている。これは北イラクの拠点でPKKがスンナ派アラブ人やトルクメン人へのエスニック・クレンジングを進めているのと同じだ」という批判も出ている。

一口でいえば、エルドアン大統領は外交を内政のために利用するという危険な賭けに出ているのだ。これは、二〇一五年六月の総選挙での敗北を挽回するために、トルコ・クルドのPKKを攻撃して、同年十一月のやり直し総選挙で勝利を博した手法にほかならない。

トルコがアメリカ年来の希望たるインジルリキ基地の米軍利用を叶《かな》えたのは、北シリアで「安全地帯」や「飛行禁止地帯」を樹立してシリアからの難民の流入圧力を軽減し、国境地域でのYPGの蹂躙《じゅうりん》を抑えるためであった。それは北シリアにクルド国家が成立するのを押える方策でもある。

トルコ政府は、警察へのISやPKKの攻撃やテロを利用して、むしろクルドとの戦争を挑発したかのようだ。そこで新たに生じる国民の憤激をやり直し総選挙に利用し、単独で多数派に返り咲くことを狙ったのがエルドアンの戦略だったといえよう。二〇一五年六月にエルドアン率いる与党の議席を奪った人民民主党(HDP)はクルド人の支持者も多いが、そこからトルコ人有権者を切り離し、民族主義者行動党(MHP)に流れていた反クルド票を取り返しながら、最大のライバルたる共和人民党(CHP)にクルド票が流れるのを妨害する。

この選挙戦略が成功を収めたところで、ロシアがシリア戦争への軍事介入に踏み切り、IS解体を名目としながら、非IS系の反政府組織をも攻撃したのである。その一環としてロシアが、トルコに後押しされてきたトルクメン系勢力を攻撃したのは、エルドアンの思惑を遥かに越えていたのだ。

ソ連の中東外交を否定したゴルバチョフ、復活させたプーチン

では、もう一方のロシアの思惑はどのようなものか。

プーチン大統領は、中東政策にせよ、対日政策にせよ、あるいは対米政策や対EU政策にせよ、すべてより大きな国際システムを見据えつつ、自分の権力をいかに発揮すれば、最も利益を得て影響力を高められるかを常に念頭に置いて、外交で手を打っている。

思い起こせば、一九八〇年代のミハイル・ゴルバチョフの外交は、ロシア共産党国際部やソビエト連邦外務省が伝統的に継承してきた冷戦戦略に終止符を打つものだった。ソビエトが企図した冷戦構造とは、中東を代理戦争の場や、米欧とバーター取引をする場として使うことも含まれていた。中東紛争を自国に有利なように操作し、グローバルな国際政治構造の

中でアメリカに対して優勢な地位を構築する、という戦略であった。中東など各地域のゲームは、グローバルなゲームに勝つための手駒だということだ。

ゴルバチョフはこのような戦略を否定した。しかしプーチン大統領は、ゴルバチョフが否定した時代以前に戻り、中東を代理戦争の場として使い、アメリカやEUに対して有利な地位に立とうとしてきた。それどころかプーチンは今回、シリア戦争の直接当事者として名乗りを挙げて、シリアにおいてEUやアメリカがもたない影響力だけでなく、政策の最終決定権をアサド政権にも発揮しようとしている。

さらにプーチン大統領が中東で強い影響力を及ぼすために手を結ぼうと考えた国こそ、実はトルコとイランだったのである。

トルコとイランは、中東の政治外交において最も重要な国であり、なおかつ現在、EUやアメリカの影響をいちばん受けにくい国であった。他方ロシアには、自国の優位性を保ちながら手を結べる状況があった。

まずトルコの場合、その天然ガス需要の六割をロシアからの輸入に頼り、石油も相当に依存している現状である。そこでプーチン大統領は、ロシアの黒海沿岸からトルコ経由で南東ヨーロッパに天然ガスを輸出するパイプラインを建設する計画を進めていた。

二〇一四年十二月初旬に、プーチン大統領はトルコの首都アンカラを訪問して、エルドアン大統領と会談した後、トルコの石油パイプライン会社のBOTAŞ（ボタシュ）と新パイプライン計画を推進することを公表した。これが英語で「ターキッシュ・ストリーム・プロジェクト」（土流）と呼ばれるものなのだ。

その直前の二〇一四年十二月一日に、プーチン大統領はヨーロッパとの間に交わしていた南部ガスパイプラインつまり「サウス・ストリーム・ガスパイプライン」（南流）計画を破棄していた。総工費がおよそ一五〇億ユーロと見積もられていた大型プロジェクトであり、年間六七〇億立方メートル相当の天然ガスをEUに供給することを目指していた。黒海の海底を通る九〇〇キロメートルのパイプラインを、ブルガリアの基地につなげるという壮大な構想である。

これは、いまだけでなく将来もウクライナ経由が安全保障上で望ましくないと考えたロシアにとって、ドイツ他のヨーロッパへの代替ルートになるはずだった。それをキャンセルしたのは、何故だろうか。

一説には、EUとアメリカがブルガリアへ圧力をかけて南流計画の条件を変えさせ、ロシア側からキャンセルに追い込むように仕向けたというのだ。しかし、本質的にいえば、ウク

ロシアのガスパイプライン

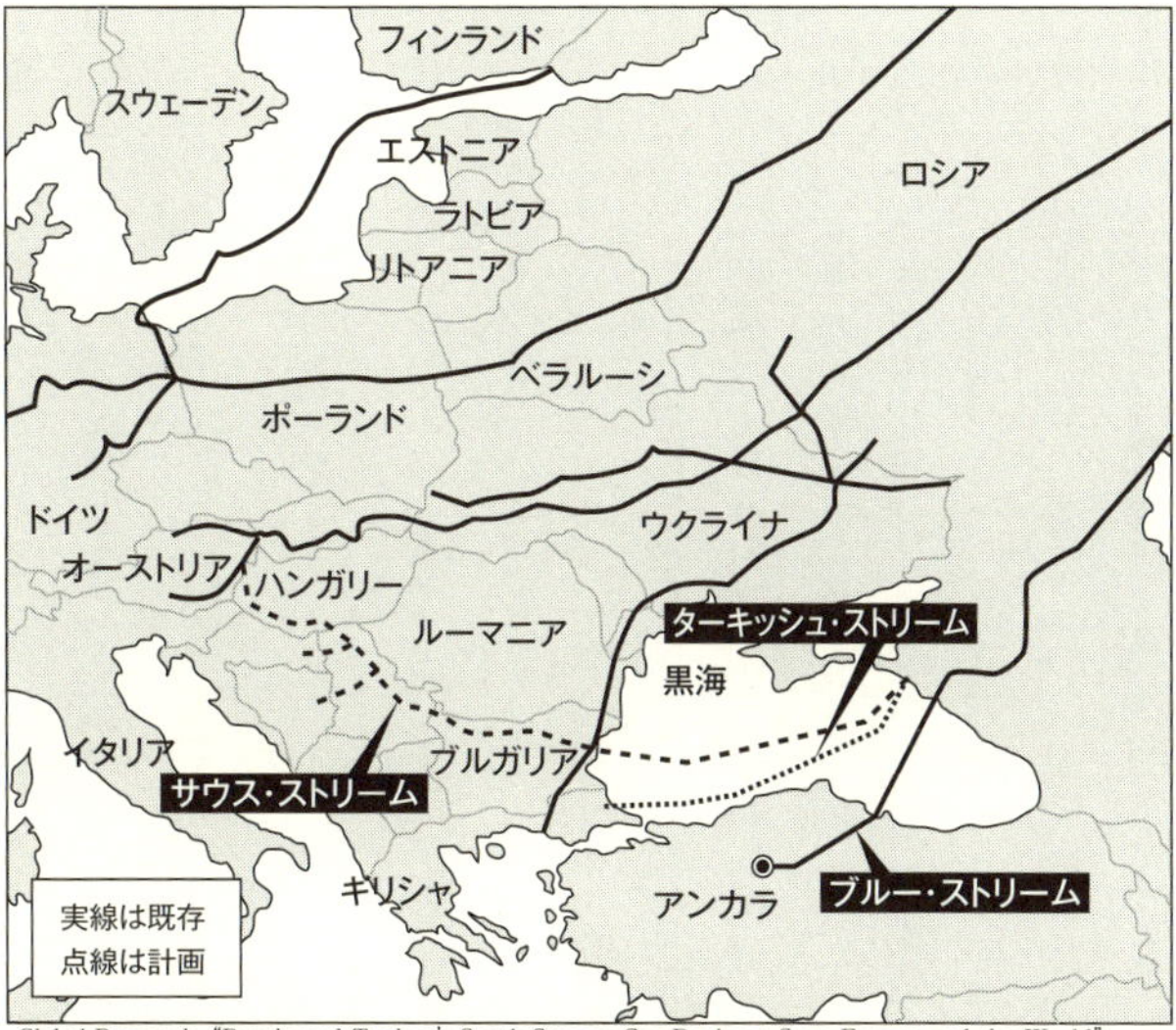

Global Research, "Russia and Turkey's South Stream Gas Deal can Save Europe and the World", December 28, 2014 などより作成

ライナ危機の解決でロシアから切り札を奪うために、南流プロジェクトにEUが抵抗したのである。

　ところが、したたかなロシアは、ブルガリアからトルコにその照準をスイッチする。そして、この段階で、トルコはその構想に乗ったのであった。

　トルコのダーウトオウル首相はかつて、「トルコは、いまやエネルギー供給のハブとして自らを位置づけようとしている。これはロシアによっても再確認された」と述べ、さらに「すべてのエネルギーはトルコ経由で流れる」と、いつものように大風呂敷を広げた。なるほど、確かにロシアからトルコを通して天然ガスが来れば、アゼルバイジャンからグルジアを経由してトルコに石油が入る現実と並んでハブ説が生きてくる。カザフスタンからもエネルギー資源が届いており、ダーウトオウルの言明も、あながち大言壮語とばかりいえない。

「蒼流」から「土流」へ

このターキッシュ・ストリーム（土流）のパイプライン計画は、すでに存在するロシアとトルコ間のブルー・ストリーム（蒼流）というパイプラインの能力を補い、ブルガリアにハブを設ける予定だったサウス・ストリーム（南流）に匹敵するガス量（六三〇億立方メートル）を、ギリシャとトルコの国境地域にあるハブ地点まで供給し、そこからロシアの企業ガスプロムによって南東ヨーロッパ諸国の顧客に配分するはずであった。

トルコは計画への合意に際して、ロシアから二つの約束を取り付けていたようだ。第一は、二〇一五年にトルコに提供される石油価格を六パーセント下げること。第二は、ブルー・ストリームによって三〇億立方メートルの天然ガスをトルコに追加供給することだ。

こうした計画が完全に潰えるのは、ロシアとトルコの双方に良いはずがない。

トルコの国内ガス消費量は二〇一四年に四八〇億立方メートルだったが、新設パイプラインで年間に供給される六三〇億立方メートルのうち、一四〇億立方メートルを自国消費に回せると皮算用をはじいていた。それが叶えば、トルコのエネルギー事情は大変に好転する。

こうなるとトルコでは、ロシア産ガスへの依存率がますます増えることになる。ロシアのエネルギーに依存する「従属国」または「衛星国」という表現が出てきた所以である。

それでもトルコからすれば、ウクライナ問題をめぐるロシアの国際孤立や、制裁によるロシア経済の弱体化を見透かしている、という強気な読みもあった。トルコのエネルギー大臣は、「レヴァレッジ（梃子《てこ》）を効かせているのはトルコだ」と、ガス価交渉でも有利な立場にあることを匂わせていた。

シリア戦争をめぐって露土関係をすぐに悪化させられないのは、ロシアにも事情がある。それは、露土間のエネルギー関係にまつわる重要な案件がまだあるからだ。地中海沿岸の都市メルシンにつくられるアックユ原子力発電所は、ロシアの国営原子力企業ロスアトムが受注し、二〇〇億ドル規模での建設が見込まれている。この原発建設承認の流れは、プーチン大統領のトルコ訪問やターキッシュ・ストリーム計画の導入と軌を一にしていた。

こうした良好な関係から一転してトルコはロシア軍機撃墜という挙に及んだわけである。ロシアが烈火のごとく怒ったのは当然にしても、対トルコ経済制裁を発動しても、ターキッシュ・ストリームの建設計画は凍結されただけであり、廃棄されたわけではない。また、アックユ原発の建設工事も中断されてはいるが、建設契約は解除されていないと、今後に含みは残されている。

新露土戦争を回避する知恵は、このあたりに潜んでいるように思われる。両国ともに撃墜事件が直接の戦争に発展するほど本質的なものなのかという点では、ともに懐疑心を抱いているに違いない。

しかし、特殊な歴史的関係をもつ両国の首脳は、単純に経済合理主義で行動できるわけではない。トルコがいくら安全保障上の権利を行使したと主張しても、ロシアに責任の所在と事情の釈明をしない限り、プーチンは矛を収めないだろう。

すぐに新露土戦争を引き起こさないまでも、シリア戦争をめぐって両国の鞘当《さやあ》ては長期化する。トルコ政府もロシアとの対立が暫《しばら》く続くのを念頭におきながら、代替天然ガスを求めて、積極的なエネルギー外交に取り組んでいる。エルドアン大統領は撃墜事件から一週間後の二〇一五年十二月一日にカタルを訪れ、ダーウトオウル首相は十二月三日から四日までアゼルバイジャンを訪問した。

たまたま私がトルクメニスタンに滞在した日から、およそ一カ月前にエルドアンがその首都アシガバードを訪れたのは、天然ガスの輸入増と安定供給を取り付けるためであった。私はトルコ首脳の動きの速さに驚いたものである。

このようなトルコとロシアの対立は、シリア戦争の講和やアサド体制の可否などめぐる国際協議に厄介な懸案を加えたと考えるべきだろう。それは最悪の場合、シリア領土の内外つまりトルコの領空や領土におけるロシアとトルコとの偶発的な衝突を再びもたらすおそれがある。

第八章　中東核拡散の誘惑

——イランとトルコの競合

イランとの「同盟」で欧米に圧力をかけたロシア

ロシアが中東政策を動かす重要な梃子としてイランを取り込む戦略を維持しているのは、先にも述べた通りである。イランにしても、核開発疑惑により米欧から各種の経済制裁を科されてきた中で油価も低迷し、シリア問題を中心にロシアに近づかざるをえなかった。

まずイランとロシアとの関係、次にトルコとイランとの関係を眺めてみたい。

歴史的に見るなら、イランにとってロシアは伝統的に敵国であり、領土を占領され、割譲してきた北の大国であった。その事情はトルコとロシアとの関係と似た面もある。

そのイランが、ロシアに完全に心を許していないにせよ、ロシアとの接近もやむなしと判断したのは、米欧がイランに経済制裁を科してきたからだ。ロシアは、米欧の制裁を受けて金融決済を自由にできないイランの外界への窓口を果たしてきた。

二〇一四年、ロシアとイランは二〇〇億ドル規模のイラン製石油とロシア物品のバーター交渉を、二国間でじかにおこなったと伝えられる。条件が折り合わなかったので、取引は決して成功したとはいえない。それでも、両国とも油価値下がりの煽《あお》りを食って、手を携えようとする動きは続けられた。

歴史をさかのぼれば、十六世紀から十八世紀のサファヴィー朝、十八世紀末から二十世紀初頭のガージャール朝、イスラーム革命以前の最後の王朝であるパフラヴィー朝、そして現在のイスラーム共和国に至るまで、ロシアとイランは常に経済的に固く結びつき、互いに重要な貿易易相手国として存在してきた。二国間の紛争は露土関係と同じく頻繁《ひんぱん》に起こったにせよ、経済的ロジックから見れば、ウィン・ウィンの関係を必要としてきた。

ロシアとイランとの取引と決済の関係には、イランの経済制裁下で、これまで非常にプリミティヴな要素が見られた。第一は現物によるバーター貿易。第二に、決済は国際通貨のユーロやドルでなく、ルーブリやイラン・リアルでおこなわれてきたことである。

取引と決済をイラン・リアルでおこなえば、欧米系の銀行を利用する必要がなく、金融経済制裁のネットをかいくぐれる。外貨取引上の制裁をかけた欧米の目をかすめて、原油や石油製品の貿易でイランの利益を保全できる。こうして二〇一四年でも、イランの対ロシア輸出は二〇パーセントも増えたのであった。

ロシアは、これまで欧米のエネルギー会社がイランで機能不全や活動停止に陥った状況に乗じて、エネルギー部門でも積極的に活動してきた。二〇一四年九月には、ロシアのエネルギー大臣がテヘランを訪問し、イランの原子力機関の委員長やエネルギー大臣と会談した。

そこでは、エネルギー・インフラの拡大におけるロシアの役割が議論された。

アメリカやEUから見れば小癪《こしゃく》なことに、その席上ではロシアがイランに原子炉を追加提供する可能性さえ模索されたらしい。これを言い換えれば、ロシアはイランの核開発を側面支援し、正当化さえする役割を担おうとしたのである。

電力生産においても、イランはロシアの援助を期待しており、イランの石油・ガスプロジェクトへの資金提供にも大きな関心を寄せていた。たとえば、パキスタンやアフガニスタンに接する南東イランのスィースターン・バローチェスターン州のイラーンシャハルという町では、オマーン湾の沿岸に位置する自由貿易地帯（フリートレードゾーン）まで三〇〇キロのガスパイプライン建設計画が推進されている。

イランとロシアの双方にとって、このような結びつきは、米欧の制裁の網をかいくぐり、対抗する有力な代替案と選択肢をもつという意味で重要であった。

ウクライナ問題でEUやアメリカの攻勢にあってきたロシアからすれば、中東外交やシリア戦争におけるイランとの「同盟」は、西欧への大きな圧力要因となってきた。つまり、ロシアの協力なしには、イランに核開発を放棄させるために、効果的に孤立させることもできず、圧力もかけられない、という強いメッセージを発していたのだ。ウクライナやクリミアの問題でロシアを追いつめるなら、米欧はウクライナからシリアまで広い地域で深刻な衝突や戦争に巻き込まれるというのだ。イランの核開発を促進させず、アメリカが望む核問題の解決を欲するには、ロシアの協力を仰ぐのが上策だと喧伝してきた。

ここでもプーチン大統領は、ミハイル・ゴルバチョフ以前の冷戦期におけるソ連外交の伝統的手法を活用していたのである。

イスラエルのイラン核開発分析

イランはトルコにもまして、したたかであり、ロシアに利用されるだけの国ではない。イランの最高指導者ハーメネイーは、時にこれみよがしにアメリカと接近することで、米欧やロシアの相互関係に亀裂を入れ、状況を動かすことに長けていた。イスラエルのベンヤミン・ネタニヤフ首相とバラク・オバマ大統領との間に亀裂を生んだのも、二〇一五年七月十五日のウィーン最終合意に落ち着く核開発問題をめぐるイランの駆け引きであった。

イスラエルを怒らせたのは、P5(国連安保理常任理事国)+1(ドイツ)、またはEU3+3によるイランとのウラン濃縮中止に関するウィーンの包括的共同行動計画(JCPOA)である。それは、少しもイランの核開発意欲を断念させなかったではないか、という疑念は、イスラエルだけでなく、サウディアラビアにも共通していた。

ちなみに、ウィーン最終合意が成立したときから、相反する評価がすぐに出されたものだ。

まず肯定的評価である。

ウィーンの核合意は、イランの核問題に関する唯一の現実的な外交解決だと評価する声があった。それまでのアメリカによる封じ込め政策は成功せず、むしろ逆効果だったではないか、というのである。イスラエルやサウディアラビアが主張するウラン濃縮の中止（ゼロ濃縮）や核関連施設の全面閉鎖は、実現の道筋が難しく、決して現実的な選択肢ではなかった。

しかも、軍事的な選択にしても、イランの核兵器所有を二、三年遅らせるだけにすぎず、イスラエルやアメリカで巷間《こうかん》いわれるほどの実効性にも乏しい。イスラエル国内でも国防軍の参謀本部とその諜報局（アマーン）や諜報特務庁（モサド）の専門家たちは、イラン攻撃に賛成でなかった。

イスラエルが優先したのは、湾岸戦争型で国連決議によってイランを攻撃するか、イラク戦争型で有志連合諸国によってイランを攻めるか、のいずれかであり、イスラエルが犠牲を払わずにサッダーム・フセインやカダフィーを除いてくれた形式が望ましかったのだが、それは叶わなかった。イランはそのレベルの単純な奸計に乗じられる国ではない。次いで、アメリカの単独作戦、それがダメで初めてアメリカとイスラエルとの共同作戦が考えられる。最終的に、イスラエルによる単独開戦になるが、イランの場合には国力が大きく開発地点も地下深く隠されているために、費用対効果ではリスクが多すぎると判断されたのだろう。

ウィーン核合意の評価をめぐって

二〇一六年以降に制裁が解除されるならイランの石油輸出は半年で倍増し、その後五年間の経済成長は年平均八％になるとハーメネイーは見ていた。制裁解除後、ロウハーニー大統領は国会で、同じ数字を示した。年三〇〇億から五〇〇億ドルの外資誘致で達成するというのだ。イランのＧＤＰは一〇年のうちにサウディアラビアやトルコを抜くという観測さえ現れている。世界銀行は、イランの経済成長率を二〇一六年に五・八パーセント、二〇一七年には六・七パーセントになると予測する。この経済効果と豊かさの実感によって、イスラーム政治体制の開放と市民の親米欧感情の増進が促進されると観測するあたりに、核合意を肯定的に評価する人びとの期待感があるのだろう。

次は否定的評価である。

核合意は、イランと米国やEUとの関係を正常化するにせよ、イランとイスラエル、湾岸協力会議（GCC）諸国（とくにサウディアラビア）との関係はますます複雑かつ厄介になる。インド、パキスタン、イスラエルのような保有国とは次元も違うが、ともかくイランが「核敷居国」（nuclear threshold states）となる特殊な地位は事実上認められたのである。核開発の意志や能力をもっている国だという認知である。

しかも、イランの人権問題や、シリア戦争やペルシア湾の係争諸島嶼の占領などアラブ世界への干渉政策はそのままに放置された。ハーメネイーは、核合意がイランの全体政策を変えるものでなく、核問題だけに限定されると明言していた。「多様なグローバルまたは地域的な問題についてはアメリカと交渉せず」「二国間関係については交渉しない」とハーメネイーは一応説明していたものだ。

また彼は、パレスチナやイエメンの「人民」、シリアとイラクの「政府」、バハレーンの「抑圧された人民」、レバノンとパレスチナの「抵抗の戦士」への援助継続を確言した。サウディアラビアやイスラエルは、イランの制裁解除によって潤沢《じゅんたく》になる財政こそ、革命防衛隊の対外戦略やその同盟者や代理人（「テロリスト」）への活動資金を豊かにする源泉と警戒心を強めている。

核合意では六〇〇〇基の遠心分離機の保有が認められ、地下の核兵器開発工場も「研究所」として維持が認められている。これによって、イランが一年で広島型原爆を開発することが事実上黙認されたという解釈も成り立つのだ。

最後は、中間的評価である。

核合意によって、すぐではないにせよ米イラン間のデタントに発展する可能性も全面的には排除できない。冷戦期のようにイスラエルとサウディアラビアを同盟国として絶対視する旧思考からアメリカが脱出するかもしれない。オバマによるキューバ、ミャンマー、イランという「敵性国家」との関係再構築の意味は、アメリカのグローバル戦略の大きな修正であり、地政学上の大きな変化をもたらす。

しかし、二〇一五年七月十四日にオバマは声明を出し、「イランの核兵器秘密開発が露見した場合は、制裁が再適用され、『軍事行動』のオプションも残る」と確言している。

イランとイスラエル、イランとサウディアラビアとの対決、シリアはじめスンナ派アラブ諸国へのイラン革命防衛隊のクドゥス軍団（カセム・ソレイマーニー准将）の軍事干渉の増大とISとの対決に、米欧はどう関わるのだろうか。そのシリア政策は明らかに破綻している。シリア戦争から離脱して「なすがままにするのか」、戦争の行方を消極的な援助者として傍観するのか、それともロシアとイランに有利な和平会議の招集に名を連ねるのか。

核合意が終わり制裁が解除されても、シリアを焦点とする中東複合危機は終わらない。いずれにせよ、ウィーン核合意に際して、ロシアによる対イラン武器禁輸の解除提案が拒否されたのは正しかったといえるだろう。

三つの評価の中では、最後の中間的評価がまずバランスのとれた見方のように思える。しかし、その評価が生きるのも、中東の地域協力の枠組みづくりの可否にかかっている。

アジアの将来はイランにかかっている

イランは地域大国にもかかわらず、トルコにもまして、イスラエルとアラブの地域大国による中東和平プロセスから排除されてきた。確かに、ハマスやヒズブッラへの軍事援助や核開発はイスラエルの脅威であるが、ウィーン核合意はイスラエルにパレスチナ人との和平プロセスに取り組む時間的余裕を与えたはずでもある。イスラエルはイランの脅威を口実に、和平実現への消極的姿勢を正当化し、周辺への過剰防衛を続けてきたが、中東複合危機を緩和する意味でも年来の旧思考を見直すべきだろう。

厄介なのは、イランでは革命防衛隊はじめ軍人や保守派だけでなく、改革派やリベラルも、核兵器保有大国になる野心に反対する者はまずいないことだ。忘れてはならないのは、イランの市民たちも決して核保有に反対でないことだ。この点は日本の一部市民が到底理解できない点かもしれない。

数年後にイランの秘密核開発が露見する可能性も大である。万一そうなると、イランへの再制裁が問題とならざるをえない。及び腰ながらも制裁を発動するのか、それとも見て見ぬふりをして最後の巨大市場としてのイランとの通商貿易を優先するのか。米欧でも立場は分かれるだろう。

オバマ後の大統領が仮に共和党のトランプでも民主党のヒラリー・クリントンでも、制裁発動に目をつむるのは難しいだろう。反対に、ドイツはメルケルが首相の座にいる限り、ドイツ資本のイラン市場席捲《せっけん》を最優先にするだろう。見ものはロシアの動きである。

ロシアのあるシンクタンクの学者は、イランについて、「アジアの将来はかなりのところ、イランがどこを同盟国として選ぶかにかかっている」という意味深長な発言をしている。いまのところイランは、シリア戦争との絡みでロシアを同盟国に近い扱いをしている。アメリカと中国との間にあるイランの位置は、アメリカとロシアの間にも立ちうると言いたいのだろう。

イランの地政学的な位置と、政治外交的な力量の存在感は、一九七九年以来のアメリカとの国交断絶を乗り切り、アラブ世界に楔を打ち込み、シリア戦争の最重要当事国に浮上させた。中国のアジアや中東への膨張主義政策が鮮明になるにつれて、米中対立が深まっている現在、イランの存在感はますます無視できなくなるだろう。

トルコとイラン、友好から対立へ、再び協調へ

最後にトルコとイランの関係について見ておきたい。

トルコとイランは、オスマン帝国やサファヴィー朝の継承者たることを歴史的に自負してきた。しかし両国は、二十世紀の大半、互いに牽制をしながらもアラブ世界へのバランスのとれた関与によって地域に権力の真空を生まないように努力もしてきた。一九三七年のサーダーバード条約（トルコ、イラン、アフガニスタン、イラクの四カ国が結んだ国境相互不可侵と内政不干渉の条約）から一九七九年のルーホッラー・ホメイニーによるイスラーム革命に至るまで、両国は友好関係を維持してきたのである。

しかし、ホメイニーのシーア派革命の拡大という戦略的思考は、世俗主義体制のトルコと相容れないものであった。

トルコでは一九八〇年に事実上の軍事クーデターが起きている。

当時、トルコの国会議員の選挙制度は比例代表制であったために、多党乱立をもたらしていた。公正党と共和人民党の鬩《せめ》ぎ合いの間に立って、イスラーム系の国民救済党や極右トルコ・ナショナリズムの民族主義者行動党がキャスティングボートを握っていたので、政策やイデオロギーと無縁の政党の離合集散が国内政治をカオスに導いていたのである。左右の過激派テロも頻発し、多くの死傷者が出てもいた。

軍人として独立戦争を指導したケマル・アタテュルク初代大統領以来、国是となった世俗主義（ライクリッキ）の守護神を自負するトルコ国防軍は、政局の慢性的な危機をクーデターによって解決しようとした。その主要な動機として、一九七九年二月のイラン・イスラーム革命に刺激されて力を増したイスラーム過激派の台頭も挙げられる。その興隆が世俗主義への大きな脅威だったからだ。トルコ政府はイラン・イスラーム共和国をテロ支援国家と見なし、両国関係は緊張の一途をたどったのである。

一九九〇年代に入っても、トルコのイランへの猜疑心は変わらなかった。ホメイニーとイスラーム革命に批判的なトルコの世俗主義的ジャーナリストや文化人が立て続けに殺害された事件に、イラン筋が関与しているのではないかと嫌疑がかけられている。

それでも、二〇〇二年にエルドアンのAKPが権力を掌握すると、トルコとイランとの関係は次第に変わり始めた。

早期警戒レーダー・システムの設置とエルドアンのアリー廟参詣

トルコでは、二〇〇八年にエルゲネコン裁判が始まり、二〇一三年に結審している。この裁判で裁かれたのは、エルドアン首相（当時）とAKP政権を転覆するために、国防軍の元参謀総長イルケル・バシュブウはじめ将軍、学界指導者、最高裁長官や検事総長レベルの法曹人とその経験者、さらにクオリティー・ペーパーの編集主筆やコラムニストといった社会的エリート秘密結社エルゲネコンをつくって「共同謀議を重ねた」という容疑である。

国防軍は、現役と予備役の将軍たちが逮捕・収監されたために、その威信と地位を著しく低下させ、エルドアンとAKPの権力基盤は無敵になった。当時の外相で、二〇一四年に首相になったアフメト・ダーウトオウルは、トルコ外交の基本座標軸を、EUや米欧、ひいてはアタテュルクの世俗主義原理から、むしろオスマン帝国の栄光期を追憶させるネオ・オスマン主義の世界観に変えていった。アラビア語やペルシア語の文化を吸収した豊かなオスマン帝国の遺産と外交成果に依拠しながら、アラブやイランなど中東との紐帯を重視する独立外交を促進しようとしたのである。

「近隣との問題ゼロ外交」や新オスマン外交の結果、エルドアン首相とダーウトオウル外相は、イランをテロ支援国家のリストから解除したのである。

トルコの新しいイラン政策は、二〇一〇年のテヘラン協定に象徴されている。これは、ブラジル、イラン、トルコの三カ国間で交わされたものだ。イランのウラン高濃縮疑惑について、トルコとブラジルが米欧との調停を試みた合意である。低濃縮ウランをフランスに出して高濃縮化できない核燃料棒に加工して、米欧の批判をかわそうとしたのだ。

しかし、この試みはアメリカの強い反発を受けて挫折した。中東政治に何の役割も果たしたことのないブラジルが関与するプランへの反発もさることながら、アメリカは自らが全然関知しない時と場所で中東の最重要問題が妥結することを許せなかったのである。エルドアンのアメリカへの遺恨は強く残り、イランとの間で貿易を拡大するなど関係の正常化を図った。イラン製石油天然ガスの需要増が、トルコとイランとの関係を、正常化から緊密化に向かわせる大きな要因でもあった。

二〇〇九年から二〇一〇年まで、トルコは国連安全保障理事会の非常任理事国だったにもかかわらず、イランの制裁強化に一貫して反対した。通貨制裁の採択後も、トルコ政府はイランに対する制裁義務違反を慎重に回避しつつ、ドバイ経由で輸入した石油天然ガスの代金を迂回ルートを使って金塊で支払ったという説もあるほどだ。

それでもトルコは、ＮＡＴＯに加盟する西欧集団安全保障の一員として、トルコ国内に早期警戒レーダー・システムを設置することを許可した。このシステムは、イランが自国監視用として配備に強く反対していたものだ。他方、エルドアンは、イランの抗議を退けながら、驚くほどバランスのとれた対イラン外交を展開している。二〇一一年にイラク・ナジャフのシーア派聖地、アリー・イブン・ターリブ廟を参詣したことだ。

これは、オスマン帝国から共和国にかけて、スンナ派国家の最高政治指導者としておそらく最初の行為だったと思われる。シーア派聖地に出かけたエルドアンは、スンナ派とシーア派の間の対立はイスラーム内部の齟齬《そご》にすぎず、米欧の前でイスラームの決定的な亀裂を見せるのは得策でないと発信したかったのだろう。

思えば、このあたりがエルドアンの政治指導者としてバランスのとれた絶頂期であり、トルコ外交がいちばん精彩あふれる高みに達したときだったかもしれない。

第二次冷戦下のトルコとイランとクルド

しかし、トルコとイランの友好関係は、二〇一一年にアメリカ軍がイラクを撤退し、シリア内戦が激化した結果として、再び悪化せざるをえなかった。それは、シリアとイラクにおけるシーア派対スンナ派の宗派対立がセクタリアン・クレンジング（宗派浄化）に進むほど厳しくなり、トルコとイランは、対立を繰り広げる陣営の保護国としてコミットしたからである。かくして、イランとトルコとの歴史的な競合と伝統的な競争が第二次冷戦という新たな構造のもとで復活することになった。

さらに両者の溝を深めたのは、クルド問題である。かいつまんで事情を見ておこう。エルドアンは、トルコからの分離独立を図るクルディスタン労働者党（ＰＫＫ）との平和構築に努めたことがある。これは内政と外交においてトルコの未来志向がいちばん輝いていた時期である。しかし、この蜜月は二〇一五年夏に終焉を告げ、トルコ政府とＰＫＫはシリア戦争も絡めながら対立を深めていることはすでに触れた。

他方、エルドアンは、北イラクのクルド地域政府（ＫＲＧ）とは外交や通商の絆を強化している。トルコ政府は、北イラクのクルド支配地域、すなわちＫＲＧの首都エルビル（アルビール）に総領事館を開いたが、これは事実上の大使館として機能している。これによって、内陸国家として閉塞状態にあり、いずれかの国を経由しないと海に出られないＫＲＧの弱点をトルコが解決してくれた。ＫＲＧは、トルコ経由で顧客に石油を自由に輸出できるようになったのである。

エルドアンがＫＲＧとの関係強化を図った理由は、イラクの首都バグダードにあるシーア派中央政権との均衡を維持させるためであった。マーリキー首相のイラク中央政権は、シーア派の隣国イランの、軍事から財政に至るまでの幅広い支援を受けている。イラク中央政権の抑圧を受けて孤立の危機をいつも感じているＫＲＧは、イラクひいてはシリアをめぐってイランとの力の均衡を図るトルコの重要な手駒なのである。

ここで一つの疑問が湧くかもしれない。エルドアンとトルコ政府は、何故に同じクルドでも北イラクのＫＲＧとは友好を保ち、ＰＫＫやシリアのクルド組織とは敵対するのかという疑問である。

トルコとしては、クルド人の自治国家や事実上の独立国家としてＫＲＧの民族自決権を認めていれば、トルコやシリアの内部で分離独立を画策しトルコの安全保障を脅かすクルド人をテロリストとして峻別《しゅんべつ》する大義名分が立つことになる。トルコ政府は、クルド民族の生存権や自決権を否定しているのでなく、クルド人の一部にいるテロリズムや戦争でトルコの領土的一体性を破壊しようとする分子たちと対決しているということなのだ。クルド民族にしても、山や谷を隔てると共通のアイデンティティをこれまで有していなかった悲運の歴史が作用している面をトルコに衝かれているともいえよう。ＫＲＧが幸いにしてイラク領内に成立した以上、クルド人の独立や自決権を理想にする者はＫＲＧが祖国になるべきであり、トルコの不可分にして一体の領国は寸土も譲れないと主張するのである。

さて、ここでイランとＫＲＧとの関係になる。イランもＫＲＧに対して積極的な工作を展開している。二〇一四年夏にイランとＫＲＧが対立関係に陥ると、イランはＫＲＧの主流からやや距離を置いたＰＵＫ（クルディスタン愛国同盟）に肩入れするようになった。一方、トルコが梃子入れしているのは、ＫＲＧを支えているＫＤＰ（クルディスタン民主党）にほかならない。

ＫＲＧをめぐるトルコとイランとの対立は、今後のクルド共和国独立を宣言するＫＲＧの姿勢と決意にも影響を与えるだろう。ありうるシナリオは、トルコが北イラクのＫＲＧの独立を支持するのに、イランが反対するという構図である。

イランからすれば、北イラクのＫＲＧが独立すると、イラン西部のクルド人地域も刺激されて不安定要因になりかねない。北イラクとトルコの南東アナトリアのクルド人地域との間には、険阻な山岳部が横たわっているのに、イランとの間にはあまり障害がないために、北イラクのＫＲＧが独立した場合、地政学的にはイランの方が深刻な影響を受けることになる。

もう一つの理由として、イランは、ＫＲＧの抱える石油や天然ガスの資源がバグダードの中央政府に残ることを望んでいる。ＫＲＧが独立すると、シーア派の掌握する中央政府に北イラクの石油収入が入ってこないからだ。イランとしては、バグダードのシーア派政権を援助するタテマエと、自国のクルド人居住地域の分離を阻止するというホンネから、北イラクのＫＲＧの法的な独立には反対せざるをえない。

トルコ、ロシア、イランの三竦みが導く危機

トルコとイランとの競合関係は、すこぶる多元的である。トルコは、イランの核保有の可能性にあからさまに反対する意見を表明していないにせよ、実際に保有するとなれば緊張の深い根源となるだろう。トルコ政府が日本とロシアの援助を受けて原子炉を三基建設するのを決断したのは、イラン政府の核保有衝動を無視できないからだ。トルコによる原子力への投資決断は、独自のエネルギー源を手に入れたいからである。イランからの石油天然ガスの供給が断たれても、原子力でエネルギーを賄えるというデモンストレーションの意味も色濃

く帯びているのだ。

トルコの原子力発電への道は、イランのウラン高濃縮化よりも、遥かにたやすく国際世論を説得できる。NATO加盟国であり、EU準加盟国でもあるトルコは、ヨーロッパにとってイランよりも安全保障面で安心できる存在だからである。

エルドアン大統領は、二〇一五年四月にイランを訪問し、エネルギー分野で協力することで合意しただけでなく、中東ムスリムの民族や国家の間で流血に終止符を打つ解決策を見つけることで同意した。

とはいえ、アサド政権に反対するサウディアラビアとトルコとの間の協力関係は、二〇一五年十二月のエルドアンのリヤード訪問で示されたように、いまのところ揺るぎない。トルコ外交の最優先課題は、サウディアラビアとの関係の維持と強化であり、イランとの合意は悪くいえば口先だけでよいのだ。

結果として、エルドアンの個人的野望と、トルコの安全保障や政治・経済・通商の国家的利益との乖離《かいり》はますます広がっている。エルドアンのトルコは、ロシアとの危機、アサド政権との正面対決、ISとの疑わしい関係、イスラエルとエジプトとの外交の機能不全によって、かつて享受した外交ゲームのバランサーたる地位を失った。

これは、エルドアンの汚職疑惑はともかくとして、その個人的野心が外交でもかちすぎており、サウディアラビアなど特定の国家や指導者との関係を重視しがちだからだ。

もちろん、サウディアラビアはじめ湾岸諸国との提携を重視するのは、国益で共通するものが多く、「便宜上の結婚」(mariage de convenance)からではないと説明される。しかし、サウディアラビアに過剰な依存や金銭的なつながりをもつと、どうしてもワッハーブ主義はじめイスラームの原点回帰や伝統純化を強調するサラフィー主義の国内活動に寛容たらざるをえず、それらは世俗主義国家トルコにも浸透してきた。

トルコや湾岸におけるサラフィー主義やジハーディズムなどイスラーム過激派の脅威を考えるには、パキスタンがいかにタリバンの逆輸入から、いま持続的なテロ被害を蒙《こうむ》っているのかを考えればよい。もともとタリバンは、ソビエトのアフガニスタン占領とその終了後にサウディアラビアの援助する各種宗教学校で学んだ信者から戦士を獲得したのであった。

さながらトルコも、シリア戦争の余波とサウディアラビアへの接近から、パキスタンと同じ運命に瀕《ひん》する危機を否定できない。現実に数千ではないにせよ数百名のトルコ人がシリアのアサド体制との戦いに出かけているからだ。

シリアのアサド政権の権力維持が黄信号から緑信号に変われば、トルコとイランとの関係は確実に緊張せざるをえない。中東の域内大国であるトルコとイランとの緊張が増せば、ますます中東地域の不安定が深まることになろう。

トルコ、ロシア、イランの関係は、三竦《さんすく》みに近い構造で互いの思惑が複雑に錯綜《さくそう》している。ロシアを含めた地域大国の複雑な関係性の上に米欧の思惑が絡んでいるので、トルコによるロシア軍機撃墜のような突発事態が再び起きると、中東複合危機がさらに複雑化する。第二次冷戦が中東の各地域で熱戦化し、ポストモダン型戦争と結合して第三次世界大戦への道を導く可能性を排除できないのである。

終章　第三次世界大戦への道

――短期決戦か長期持久か

中東複合危機の解決は、決戦か持久か

二〇一五年十一月のパリ大虐殺は、ＩＳを媒介に中東複合危機と不可分に結びついている。それは、第二次冷戦とポストモダン型戦争を結合する一要素になるだろう。

もとより、ＩＳはじめジハーディストのポストモダン型戦争は、そのままでは過去の二つの世界大戦のようなグローバルな規模に広がる「包括的戦争」に発展するものではない。しかし、ＩＳを軸とするシリアの多重戦争やシーア派対スンナ派の相互排除は、中東複合危機をますます深める要因である。

そして、中東で繰り広げられる第二次冷戦は、すでにロシアがシリア戦争の当事国になるという未曾有の段階に入っており、ロシアとトルコとの間にも戦闘機撃墜を機に新たな露土対決の危険性もまったく排除されなくなった。トルコとロシアとの間に熱戦が生じるなら、ポストモダン型戦争が結びついて中東複合危機が深まる中で、ますます第三次世界大戦の暗雲がたちこめるだろう。

パリ大虐殺が起きたとき、フランスのオランド大統領は、「いまフランスは戦争状態にある」と表現して新聞各紙を賑わせたものだ。フランスの『パリジャン』や『フィガロ』とい

った新聞の見出しは、しきりに「戦争」という表現を使っていた。

この戦争の中身や内容について、フランス人たちは必ずしも本書で使ったポストモダン型戦争という意味で使ったわけではない。しかし、フランス人たちがもっと直截に戦争という言葉を使った意味は大きい。アメリカが9・11テロを「新しい戦争」と名づけたときと同じ状況にあると認識したのであろう。

しかし、今回の「役者」がアルカーイダからISに変わったとしても、ジハーディズムの無差別テロは新しい段階に入ったというべきだろう。それは、ISなどのテロがポストモダン型戦争としてシリアやイラクの国家基盤を揺るがすとともに、遠隔地の個人レベルまで被害を及ぼす形で「遠隔地戦線」をグローバルに開いてしまったからだ。

しかも、9・11のときと違って、ロシアが第二次冷戦の立役者であるだけでなくシリア戦争の立役者となって、ポストモダン型戦争の要素をもつ中東複合危機を自ら促進している。フランスのオランド大統領は、ロシアと反ISの一点で共同戦線を組めると信じているが、ロシアの中心的意図はアサド政権の延命と、フランスがアメリカと一緒に支えてきた反アサド運動の壊滅にあることを過小評価している。

ただし、ロシアと米欧に共通している点が一つだけある。ロシアは反アサド勢力やISとの衝突、米欧はアサド政権やＩＳとの対決を短期間で処理しようとしていることだ。違うのは、ＩＳを短期間で掃討する点では共通していても、ロシアはイランとともにアサド大統領を暫定政権であれ、選挙後の本格政権であれ、重要な手駒として維持しようとしていることだ。

かつて昭和陸軍の戦略家であった石原莞爾は、決戦戦争と持久戦争という二つのカテゴリーで大きな戦争の性格を区分したことがある。この用語法からかりそめに離れても、短期決戦と長期持久という二つの面はどの戦争にもつきまとう。そのいずれをとるかは、政治状況や武器兵站の補給状況や人員の消耗充足率などで決まる。

米欧とロシアは、ＩＳに対してシリアとイラクだけに限定される短期決戦を挑んでいる。他方、ＩＳは、中東複合危機をできるだけ延ばして長期持久に持ち込みたいのだろう。

ロシアとイランは、反アサド勢力を殲滅し、アサド政権と自分たちの権益を確保するのが最優先である。それが実現しさえすれば、万一、ＩＳとの対決が持久戦になっても、次に処理する問題だと優先順序は明快なのである。

サイバー空間がＩＳの長期持久戦を可能にする

まとまった兵站基地や安定した補給線をもたないＩＳが長期持久を覚悟するというのは、満州事変を立案した謀将石原莞爾や独ソ戦の智将マンシュタインの時代の兵学思想なら考えられないだろう。

しかしＩＳは、ラーマディなど一部都市の失陥や幹部の死亡などはあっても、いまでもイラクとシリアにまたがる相当地域を押えており、将来ともに一定期間の持久には耐えられるだろう。それは、これまでの陸海空といった古典的な軍事空間でなく、インターネットやサイバー空間というシリアの拠点や本部からの距離や広がりにまったく関係ない空間を軍事的に使い、成功を収めているからだ。パリでもシナイ半島でも無差別テロや爆破事件という形で「遠隔地戦争」を仕掛けられるのである。

とくにＩＳは、米欧でカオスを起こすために、米欧のヒューマニティと世論に訴える難民を大量に出して、そこにＩＳ分子を紛れ込ませる戦術も併用するだろう。すでにイラクとシリアでは一万人分以上の無記名旅券を強奪したのみならず、パスポート印刷機も入手したとされる。

他方サイバーは、各国の政府や軍隊だけでなく、民間の団体や市民も活用できる空間であり、攻撃が容易でありながら、防御が技術的にすこぶる難しいという特性をもつ。しかも、陸海空と宇宙の戦略上の領域を自在に往復し、地政学的に境界のないグローバルな空間という意味では、ＩＳのようなジハーディズム組織にすこぶる有利な戦域なのである。

領有権のない国際共用空間という点では宇宙とも似ているが、宇宙空間には衛星の管轄国による排他的な使用権が事実上存在する。ＩＳは、地上においても中東やアフリカの国境概念を否定しているが、グローバルかつ国境を越えて瞬時につながる空間を、アメリカやロシアという超大国の軍事利用を出し抜きながら使用しているのだ。

フランスのパリ大虐殺事件でも露呈したように、米欧などの先進国だけでなくロシアも、サイバー空間での非対称な攻撃に弱いのである。これは、「超連接融合情報社会」と呼ばれるサイバー環境にＩＳが巧みに適応し、人質や捕虜の人定や無慚な処刑シーンを流しながら、情報戦争を仕掛けている点を見ればよくわかる。

ＩＳによるポストモダン型戦争は、陸上戦という通常型の戦闘のほかに、電子戦を進めているのだ。捕虜や人質の祖国を揺さぶり、その家族や世論を動かして政府の反ＩＳ的な政策や態度を改めさせる策動は、ＩＳのいちばん得意な手法である。

電子戦によって劣勢な通常戦を補うのは、戦力強化の一種にほかならない。パリ大虐殺は、カテゴリーとして、攻撃的なサイバー作戦の一環に属するだろう。ヤズィード教徒の集団拉致や日本人ジャーナリストの誘拐などが成功したのは、防御的なサイバー作戦として、米欧やロシア、ヌスラ戦線など敵対勢力の情報を探知し偽情報によって攪乱したからでもある。

ISと米欧やロシアとの間の、サイバー空間をめぐる「サイバー戦争」は、中東複合危機の重要局面を構成している。それは、互いのネットワークの中心、基幹プロバイダーや制御システムなどの重要インフラにも入りこんでいるだろう。双方ともに、サイバー機能を妨害するか破壊することで戦略的に優位に立とうとしている。

ISは、こうした戦域をサイバーから通常領域まで地政学的に拡大しようとしているといえるだろう。

中東の危険地帯を広げ、攪乱するIS

ISは、西欧起源の国家の在り方を否定しながらも、国家の単位を基盤とする犯罪組織や支配地域を広げようとしている。中東およびその近隣では、すでに六つの戦地と危険地帯が顕在化しつつある。奇妙とも思えるその地域区分は、カリフ国家拡大の先に見えてくるイスラーム国家の「行政区分」に対応しているかのようである。地名の次に括弧で示した名は、

ＩＳが自らの「ウィラーヤ」（州）とした名称である。

1. アフガニスタンとパキスタン（ホラーサーン）――そこではタリバンと、それに支持されたアルカーイダが二〇〇一年の米国同時多発テロ事件後の報復を越えて生き延びている。

2. スラキランド（イラク・シリア国境地帯）――イラク北部のモースルはＩＳのイラク支配地域の中心であり、クルド人の攻撃を阻止しながら、シリアやレバノンにつながるＩＳ連絡路の軸となっている。

3. イエメン（サナア、シャブア、ハドラマウト、アデン）――イランが後援しているシーア派のフーシー派は二〇一五年初頭にハーディィ大統領を倒して議会を解散し、サウディアラビアの空爆干渉を招いている。事実上、サウディアラビアとイランとの戦争が進行しており、その混乱を衝いて、ＩＳもテロ攻勢を強化しつつある。

4. シナイ半島（シナイ）――いまやシナイはＩＳが自らの版図に含まれると宣言。様々なテロを引き起こすとともに、イスラエルへのロケット弾攻撃などもおこなっている。ロシア民間機の爆破テロも起きて、エジプト国内の治安最不安定地域となった。

5．リビア（タラーブルス、ファッザーン、バルカ）――アラブの春でカダフィー政権が倒され、一気に政情不安に陥ったリビアでもＩＳが勢力を拡大しており、リビアに国境を接するエジプトは、シナイ半島とリビア方面の二正面作戦を強いられている。さらにＩＳはモロッコ国境、さらにアルジェリアにも広がっている。

6．ナイジェリア（西アフリカ）――ナイジェリア北部を主要活動地域とするスンナ派過激組織ボコ・ハラムは、ＩＳやアルカーイダなどとも連携をとりながら、マリ、チャド、リビア、南部チュニジア、南部アルジェリアまで広がる。ナイジェリアはＩＳの「西アフリカ州」とされている。

ほかにもＩＳは、サウディアラビアは「ナジュド・ハラマイン州」、ダゲスタンやチェチェンなどは「カフカース州」と称している。

すでにＩＳは中東においてこれだけの広がりを見せており、いずれの地域も本格テロや陸上戦はもとよりサイバー空間でも、米欧やロシアひいては地元のアラブ政権などとの戦闘を深めている。

現実に、この原稿を書いていた二〇一五年師走二十六日にＩＳの「カリフ」を自称するバグダーディーとされる人物は、新たな音声メッセージをインターネットに載せた。それは、サウディアラビアが同年十二月十五日に結成を発表したイスラーム諸国の軍事連合を「不当にイスラームの名を僭称《せんしょう》している」と非難した上で、サウディアラビア国民に「圧政に対して蹶起《けっき》せよ」とアピールしたのである。

七カ月ぶりとされるバグダーディーの声をおよそ二四分にわたって流すあたりも、サイバーとインターネットの空間で戦争しているISらしい攪乱戦術というほかない。

ロシアとISのサイバー戦争

こうしてみれば、持久戦とは消耗戦ともいうべきであり、ISは民間航空機や客船クルーズや観光地、パイプラインや油井基地や首都機能への打撃などを自分の選んだ場所でいつでも加えられるポストモダン型戦争を展開できることになろう。

この意味では、サイバー空間においてすでにポストモダン型戦争は、第二次冷戦と絡んで、第三次世界大戦の方向に進んでいるともいえる。ローマ法王フランシスコがISによるパリ大虐殺を、「まとまりを欠く第三次世界大戦の一部」だと表現したのは、従来の歴史的な戦争とは異質なISの「遠隔地戦争」たるサイバー戦争の性格を、国民国家の枠を超越するカトリック世界の最高指導者らしく本能的に意識したともいえよう。

同時に、この法王の言は、シリア戦争の当事国ロシアがすでに、二〇〇八年のグルジアの政府・金融機関やマスコミ、二〇一四年のウクライナの政府機関に機能麻痺《まひ》や破壊を企てたとされるサイバー攻撃を考える上でも示唆的である。

ロシアは二〇一〇年から二〇一四年の間に、米欧などの政府機関を中心に複数の不正プログラムを感染させるか、関与したとの疑いが強まっている。つまりロシアは、シリア戦争において、ISや反アサド派の軍事システムを妨害し秘密情報を取得しているだけでなく、米欧に対して宇宙空間でも、地球軌道上の衛星攻撃兵器（ASAT）を使って、シリアやウクライナに関わる情報や通信を含めて米欧の管制施設や通信リンクへの電波妨害を仕掛けていることは確実である。

シリアにおけるロシアの役割は、反アサド勢力やISにとって脅威であるだけではない。むしろロシアは、米欧にとってサイバー空間におけるインテリジェンス活動や安全保障能力の維持を図る上で脅威なのだ。サイバー空間でISの跳梁跋扈を排除しながら、戦略的優位性を図らなければ、シリアの未来についてロシアと簡単に妥協するわけにはいかないのである。

まるで違うルールの下、解決は難しい

第二次冷戦とポストモダン型戦争との結合を阻止できる力を現実的にもっているのは、ロシアが発揮する自己抑制と大局観の尊重である。イランの国際イスラーム革命の輸出の抑制も大きな要因となる。

もちろんロシアには、トルコへの過剰な制裁や威嚇も中止してほしいものだ。ロシアが過度にトルコを追い込めば、トルコでは過去の露土戦争の経験とロシア嫌いがよみがえる。ギリシャやキプロスの危機の経験などに照らすと、トルコの国民世論が硬化し、ロシアとの間に熱戦を煽るジンゴーイズム（好戦的愛国主義）が起きかねない。これが「偶発的事件」に発展する可能性はゼロではない。加えて、トルコ国内の反クルド感情や親ＩＳの雰囲気と結びつけば、危険なポストモダン型戦争を支えることにもなりかねない

これまでの中東では、冷戦と「ポスト冷戦」を通して偶発的な武力衝突が発生しても、拡大を防ぐ理性的な経験則がイスラエルとアラブの双方に働くことが多かった。しかし、サッダーム・フセインとホメイニーという権威主義的独裁者が君臨したイラクとイランの場合には、八年に及ぶ戦争に終止符を打つのは厄介であった。

現在のエルドアンとプーチンというカリスマの対立は、想定外の事件であり、今後の事態に予断を許さない状況をもたらしている。

エルドアンとプーチンは、同じ盤でチェスをしているかに見えるが、実際は違うのではないか。エルドアンは西洋すごろく（バックギャモン）をしているのに、プーチンの方は西洋碁（チェッカー）をしているのだ。脇から見ている日本人には、両者の使っている駒は丸くて同じに見えるが、駒が動く盤の形状はまったく違うのである。イランのハーメネイーとサウディアラビアのサルマーン国王との関係も似ているのかもしれない。

それでもリアルに駒の動かし方の癖を眺めれば、解決の道筋は見えてくるかもしれない。ところが、これがＩＳと米欧ならびにロシアとの試合ともなると、駒も盤も共通するものは何もない。解決の糸口がまるで見当たらないのだ。一方は将棋を指しているのに、他方は囲碁を打っているようなものだ。中東複合危機の当事者たちの勝負する盤とルールは、互いにまるで違うのである。

難民問題と中東欧州複合危機

中東から米欧に逃れた難民問題は、第一次冷戦期に見られなかった国際政治の焦点にほかならない。

中東からヨーロッパに逃れてきた三〇〇万の人びとは、それまでに彼らが経験したことのない表現と政治活動の自由を獲得している。その結果、彼らがいまや批判するのは、仇敵《きゅうてき》ISでなく、彼らを受け入れてくれた西欧の政府と国民だという逆説が生じている。彼らの扱いや市民による「差別」の視線に不満をもつのはイスラームの悲劇と言うほかない。

問題は、ひとたび自由の世界に逃れて自己主張の権利を手に入れた若者は、容易にISなどジハーディストの悪魔の囁《ささや》きにからめとられるということだ。

彼らの一部は、インターネットやサイバー領域を介して、ISが西欧にテロを広げる遠隔地戦線に投入されて「遠隔地戦争」の手駒となりかねない。それは、ヨーロッパの若者がシリア戦争で捨て駒になった場所と関係が入れ替わるだけのことだ。

中東複合危機は、そのうちシリア戦争が二〇一六年一月のジュネーヴ会議以降かりそめに落ち着きを見せたとしても、終焉には相当に時間がかかる。宗派やイデオロギーの対立が鎮静化するとは思えないからだ。

むしろ、中東複合危機と第二次冷戦がいま以上に結びつく新たな局面が予想される。それは、難民問題が中東とヨーロッパの政治状況を不可分に結びつける中東欧州複合危機ともいうべき新段階の出現である。

シリアなどからドイツへの難民一〇〇万人（二〇一五年）という数字それ自体は、ヨーロッパの三億という人口に占める割合の中では低いかもしれない。とくに、大規模な経済規模と労働力需要のあるドイツでは、難民の人口数は致命的な脅威になるとは思えない。ドイツは少子高齢化社会を迎えており、二〇一三年には一二三万人の移民がドイツに入国していた。ドイツの移民規模は世界でも三番目に大きく、人口八一〇〇万人のうち一六〇〇万人ほどが外国人や移民の家族なのである。

むしろ大きな問題は、今回の難民はこれまでの東欧出身者と違い、文化や慣習、社会的価値観が異質すぎる点にある。その相違をめぐる齟齬《そご》や摩擦は、ドイツはじめヨーロッパ市民の日常生活を安全に保てるか否かという根本に関わる問題なのだ。

すでに、スウェーデンで起こった難民による施設職員への刺殺に加えて、イスラームの社会では本来許されない未婚女性や若い女子へのムスリム男性によるハラスメント、最悪の場合は婦女暴行といった行為が現出している。これは、難民受け入れ国の市民の善意をないがしろにするばかりでなく、自分のうちに二重基準を設ける偽善性にもつながる。

顔や肌を露出している米欧の女性なら性行為や自由恋愛をムスリムの男性にも許容する

に違いないと思い込むのは、弱き者として保護され純潔性が異様に強調されるムスリマ（ムスリムの女性形）への禁欲性、それを侵犯した場合の相手家族や共同体による私的制裁への恐怖や自己抑制とは本来相容れないはずだ。女性の尊厳や純潔性を守ろうとするなら、ムスリムとキリスト教徒とを問わずに、違いがないことを理解して、受け入れ社会となったドイツやスウェーデンはじめ西欧の慣習を尊重しなくてはならない。

ISという中東複合危機の非国家的な立役者は、すでに自己中心的な論理を駆使して、シリアやイラクのヤズィード教徒やキリスト教徒の婦女子を性奴隷もどきに扱ってきた。こうしたISにとり、西欧に住む若者にハラスメントや婦女暴行を正当化する論理と言説をイスラームの文脈で提供し、難民に同情的な市民世論に亀裂を入れるのは、いともたやすいことだ。西欧世論の批判を、人種主義やオリエンタリズムの発露として、植民地主義の清算が先ではないかといった言説が、米欧に限らず日本の専門家や知識人の一部から出されることも予想される。これは倒錯《とうさく》した議論にほかならない。

言うまでもなく、ドイツへの一〇〇万人の難民の相当数は破滅的なシリア戦争の犠牲者である。そして、他にも故郷喪失を余儀なくされたシリア人は国内に一〇〇〇万も漂流しており、イラク人難民も国内外に数百万人を数えている。

不幸なことに、ヨーロッパに逃れてきた難民は、安住の楽園と信じてきた土地で相も変わらず、ISのポストモダン型戦争の複雑かつ危険なヨーロッパ延長戦のゲーム・ボールとして使われている。ISとの直接の因果関係は確認されていないにせよ、二〇一五年大晦日の夜にドイツのケルン、ハンブルク、シュトゥットガルトでアラブ人など中東難民を中心に起こった性的犯罪や窃盗《せっとう》や暴行は、人の集合タイミングを狙った計画的同時犯行という見方も出ているほどだ。

ヨーロッパにおいて難民を快く思わない勢力は極右だけではない。難民反対勢力は、失業を恐れる地元民からハラスメントや暴行を危惧《きぐ》する市民に至るまで、日常行動や選挙において幅広く結集しかねない。

いまドイツには、毎日約三〇〇〇人の移民や難民がオーストリアから入っており、二〇一六年末までに新たに一〇〇万人も流入するという予想もある。

二〇一六年一月の、あるドイツ世論調査によれば、メルケル首相の辞任を望む国民は難民政策への不満もあって四〇パーセントに達した。与党支持率も三三パーセントに下がり、五五パーセントが国境封鎖を支持するまでになっている。シリアなど中東からの難民と、良識のある一般ドイツ人が対峙するのは最悪の事態である。

中東複合危機が完全に収まることはまずない。それどころか、シリアはじめ中東で当事者による解決の見通しが暗い以上、政争や党派対立は言論や結社の自由が許される陸続きのヨーロッパに移動して時に暴力的にも継続されるだろう。

しかも、ヨーロッパにはシリアのアサド体制やイラン・イスラーム共和国に忠実な滞在者や留学生ひいては諜報要員もおり、それに反対するＩＳやヌスラ戦線といったポストモダン型戦争の戦闘員や協力者も少なくない。

もとより、ヨーロッパはムスリム難民の論理だけが優先される世界ではない。ヨーロッパ固有の歴史と伝統をもつ人びとは、当然ながら自らの文明と歴史に支えられた生活規範と価値観にこだわるだろう。その結果として、善意とヒューマニティだけで難民を受け入れた良き時代は見直しを迫られることになる。

こうして中東複合危機は、難民の大量流入や、ロシアとウクライナ、ロシアとトルコとの敵対関係と絡みながら、中東欧州複合危機に発展しかねない。その先に見えてくるのは、フランシスコ法王の夙《つと》に明言した「まとまりのない第三次世界大戦」であろう。

その軸がイスラームの悲劇になることだけは確かなのである。

あとがきにかえて――中国と「イスラーム国」

本書で扱えなかったテーマとして、中東複合危機と中国との関係について簡単に触れておきたい。

中東から離れていても、中華人民共和国の新疆《しんきょう》ウイグル自治区へのＩＳの影響力と民族問題との結合は、早晩、目に見える論点になるだろう。習近平主席は、新疆の安定、反テロ政策、ユーラシアを陸海のシルクロードで結ぶ「一帯一路」の経済圏構想を密接不可分と考えており、二〇一六年一月はサウディアラビア、エジプト、イランを歴訪した。他方、二〇一五年十一月にはＩＳの人質になった中国人が殺害され、マリにおいても中国の企業幹部三人が殺害されている。

その一方、アメリカは、中国の石油輸入を守るために、湾岸からホルムズ海峡ひいてはインド洋のシーレーンを防衛している――いまなら誰もが冗談としか思わない言説も、あと二〇年とたたないうちに、現実となりかねない。中東複合危機とＩＳのポストモダン型戦争は、二〇三〇年までに国内消費が抑制されなければ石油の七五パーセントを輸入する必要がある中国にとって、他人事ではないのだ。

中国は、二〇三〇年にアメリカを越えて世界最大の石油輸入国となり、大部分は中東に依存する。ＩＳの中東攪乱や湾岸地域の不安定は、中国が高成長を維持する上でも不安材料なのだ。他方、アメリカの中東石油輸入は、シェールガスや国内石油生産のせいで、二〇一一年の日量一九〇万バレルから、二〇三五年には一〇万バレルに激減すると見られる。

アメリカの湾岸諸国依存度は二〇一一年には石油輸入の二三パーセントを占めていたのに、二〇一三年には二〇・五パーセントに減った。アメリカの国内生産は二〇一一年と二〇一四年の間に約三〇パーセントも増大し、日量一三〇〇万バレルにもなった。

中国の中東石油の輸入は、二〇一一年の日量二九〇万バレルから二〇三五年には六七〇万バレルとなり、全石油輸入量の五四パーセントを占めると見られる。一方で、二〇一一年から二〇一三年までの間に、中国の国内生産は六パーセント増えただけであり、新疆ウイグル自治区の油井をもってしても、国内需要をもはや賄えない。

それでも新疆のエネルギー資源や東西をつなぐ新疆のガスパイプラインは、中国の安全保障の確保に直結する。中国は、東・南シナ海から外洋進出を目指す軍事面の需要からも、二〇一一年に二三五〇億ドル相当の石油輸入を必要としたものだ。これはアメリカの四六二〇億ドルに次いでおり、すでに日本の一八二〇億ドルを抜いていた。二〇一四年には二五一〇億ドルを超えた反面、アメリカは四一八〇億ドルに減り、日本はほぼ横ばいあるいは微増の一九九〇億ドルに留まった。

こうした中東依存の増大と比例するように、ISによる中国への脅威も無視できなくなる。さしあたり、不安定は新疆ウイグル自治区から始まる。この民族地域は、イスラーム史やトルコ史の伝統的な観念では、トルキスタン（トルコ人の住む土地）あるいは東トルキスタンと呼ばれ、二〇〇〇年には八三六万ほどのトルコ系ムスリムが住んでいた地域である。しばしば中国語でウイグルのイスラーム民族分離主義者が「東突分子」と称されるのは、東トルキスタン（東突厥）の名に由来する。その代表格は、東トルキスタン・イスラーム運動（ETIM）という中東でも活動している政治団体である。

毛沢東の時代に新疆で石油が発見されたのを機に、西部の辺境は中国発展の基盤であり、シルクロードの要衝として再認識されるようになった。しかし、文化大革命や西部大開発によって自治は有名無実と化し、漢民族が統治権力を握ってウイグル人を圧迫する。文化や宗教の自律性もテロの揺籃《ようらん》として厳しく排斥された。

ことに習近平のもとで共産党独裁の強権は募る一方であり、土地の強制収用やウイグル人の漢民族への同化、信仰表現の制限など人権や自由を束縛する動きが顕著になり、タイ、インドネシア、トルコに亡命するウイグル人も増えた。

これはISにとって「トルキスタン」に威を振るう機会に見えているだろう。パリ大虐殺の直後、二〇一五年九月の新疆ウイグル炭鉱襲撃事件に関連してウイグル人二八人を射殺したと発表した中国政府は、彼らが「国外の過激派組織」と通牒していたと批判した。

ISは、二〇一四年八月から、中国を敵の筆頭に挙げるようになった。さながらロシアのチェチェン人がISに参加したように、二〇〇〇万のムスリムがいる中国からも三〇〇人ほどのウイグル人やムスリムがISに加入しているようだ。先述のように、二〇一五年十一月にはISによる中国人の人質処刑の報も伝えられている。同年末には、「われらムジャーヒド（聖戦士）」なる北京語の宣伝歌がインターネットに載せられ、「殉教こそ我が夢」「武器をとるべし」と呼びかけてもいる。

中国は、「米欧がISを残虐なテロ組織として非難する一方、中国がETIMとISとの連携を阻止するためにウイグル人を監視するのを人権侵害だと告発するのはダブル・スタンダードでおかしい」と逆捩《ぎやくね》じを食わせた。しかし、新疆ウイグル自治区の誕生とウイグル民族抑圧の方が先であり、ETIMやISの形成はごく最近のことにすぎない。ウイグル人の人権抑圧がかえって若者をISに走らせるのでは、と危惧《きぐ》もされるのだ。

いずれせよ、ISはウイグル人を媒介に中国への浸透を本格化するだろう。すでに、インターネットやサイバーの空間を利用して中国各地で攪乱を企てている。

中国は、二〇〇八年から二〇一二年にかけてアメリカの企業五社などからサイバー攻撃で情報を窃取し、二〇一四年から二〇一五年には連邦人事管理局から政府関係者の個人情報を窃取した前歴がある。中国はいまやサイバー攻撃の先進国なのである。その中国とISとのインターネットやサイバー空間での攻防戦はすでに始まっており、中国は法王フランシスコのいう「まとまりを欠く第三次世界大戦の一部」に自らを組み込んでいるのだ。

その際に、ISが地上で足がかりにするのは、中央アジアのカザフスタン、タジキスタン、キルギスであろう。すでにタジキスタンやキルギスは破綻国家に近づいており、ISはそれらをアナーキー化しつつ拠点をつくる狙いがあると思われる。かつてのアフガニスタンに寄生したタリバンやアルカーイダに酷似した戦術を参考にするだろう。

ところで中国は、二〇一五年十二月に「反テロ法」を成立させ、通信業者にテロ防止のために暗号解読技術の提供を義務づけた。新疆ウイグル自治区はじめムスリム諸民族への締め付けが強化されるだけでなく、ＩＳ協力の嫌疑や容疑で多くの市民が拘束される根拠がますます増えることになる。

私は、二〇一五年晩夏にカザフスタンの首都アシタナを訪れて大統領府付属戦略研究所のカリン所長と会った。そのときＩＳは、すでにいろいろな領域でカザフスタンにも浸透しており、中央アジア各国の反テロ対策会議から戻ったばかりだと発言したのが印象的であった。私はその後、カザフスタン最大の都市で国の南東部に位置するアルマトゥに戻って、惜しくも二〇二二年冬季五輪の開催を逸したシンブラク（アラタウ）に出かけた。標高三二〇〇メートルの山頂まで行くと、すぐそこはキルギスとの国境であり、ＩＳはこの急峻な山域を越えてカザフスタンに不法入国して警備隊とも銃火を交えることもあるとのことだった。

キルギスやカザフスタンから新疆ウイグルのカシュガルやアクスはさほど遠くない。東西トルキスタンにまたがって中国の新疆にも、カザフ人とキルギス人も住んでいることを思い出し、ゆくりなく南宋の陸游の詩「山南行」の一部が浮かんだものだ。

「古来歴歴たり　興亡の処《ところ》　目を挙ぐれば　山川尚《な》お故《もと》の如し」

（昔から国の興廃の跡のありありと見えるところ、だが目をやれば山川のたたずまいは、なおもとのままだ。一海知義編『陸游詩選』岩波文庫)。

本書は、PHP研究所の川上達史氏の熱意と慫慂《しょうよう》によって出来上がりました。心から感謝します。主な資料は、いちいち出所を挙げていませんが、活字とインターネット媒体の中東、ロシア、米欧の新聞や通信に依拠しました。また一部は、私が日本語の新聞や雑誌に寄せた文章と重なる点もあります。ただし、本書ではかなり斧鉞《ふえつ》を加えたつもりです。本書は、現状の構造分析に加えて、イスラーム教を素直に解釈する試みも提示しました。ISの行動を批判するには、歴史と政治を横断する視角が必要だからです。また、人名の一部と地名は日本語として簡略な表記にしました。読者の皆様の御叱正を心から願う次第です。

なお、本書は明治大学国際総合研究所における「中東・中央アジア地域の政治・社会構造変動の研究プロジェクト」の成果の一部であることを付記します。また、現地調査研究に当たっては、三菱商事から多大の援助を受けたことを特記し、本社と現地の関係者による温かい御援助に心から感謝いたします。フジテレビジョンからは、研究活動のために普段から大きな御支援を受けています。以上の関係者の他にも、多くの方々から日常的に御誘掖《ゆうえき》を忝《かたじけな》くしており、末尾ながら心から御礼申し上げる次第です。

もちろん、本書で示された見方はまったく私個人のものであり、いずれかの団体の見解ではないことを改めて申し添えておきます。

平成二十八（二〇一六）年一月三十一日

山内昌之

PHP新書
PHP INTERFACE
http://www.php.co.jp/

山内昌之［やまうち・まさゆき］

明治大学特任教授、東京大学名誉教授。1947年、札幌市生まれ、北海道大学文学部卒。学術博士（東京大学）。カイロ大学客員助教授、東京大学教養学部助教授、トルコ歴史協会研究員、ハーバード大学客員研究員、東京大学中東地域研究センター長などを経て、東京大学教授を2012年に退官。現在、三菱商事顧問、フジテレビジョン特任顧問を兼ねる。発展途上国研究奨励賞、サントリー学芸賞、毎日出版文化賞（二回）、吉野作造賞、司馬遼太郎賞を受賞。2006年、紫綬褒章を受章。著書に、『スルタンガリエフの夢』（東京大学出版会、岩波書店）、『中東国際関係史研究 トルコ革命とソビエト・ロシア 1918-1923』（岩波書店）、『瀕死のリヴァイアサン』（講談社）、『ラディカル・ヒストリー』（中央公論新社）、『歴史とは何か』（PHP研究所）など多数。

中東複合危機から第三次世界大戦へ

PHP新書1031

イスラームの悲劇

二〇一六年二月二十九日 第一版第一刷
二〇一六年三月二十二日 第一版第二刷

著者――山内昌之
発行者――小林成彦
発行所――株式会社PHP研究所
東京本部――〒135-8137 江東区豊洲5-6-52
新書出版部 ☎03-3520-9615（編集）
普及一部 ☎03-3520-9630（販売）
京都本部――〒601-8411 京都市南区西九条北ノ内町11
組版――有限会社メディアネット
装幀者――芦澤泰偉＋児崎雅淑
印刷所
製本所――図書印刷株式会社

ISBN978-4-569-83005-6

ＰＨＰ新書刊行にあたって

「繁栄を通じて平和と幸福を」(PEACE and HAPPINESS through PROSPERITY)の願いのもと、ＰＨＰ研究所が創設されて今年で五十周年を迎えます。その歩みは、日本人が先の戦争を乗り越え、並々ならぬ努力を続けて、今日の繁栄を築き上げてきた軌跡に重なります。

しかし、平和で豊かな生活を手にした現在、多くの日本人は、自分が何のために生きているのか、どのように生きていきたいのかを、見失いつつあるように思われます。そして、その間にも、日本国内や世界のみならず地球規模での大きな変化が日々生起し、解決すべき問題となって私たちのもとに押し寄せてきます。

このような時代に人生の確かな価値を見出し、生きる喜びに満ちあふれた社会を実現するために、いま何が求められているのでしょうか。それは、先達が培ってきた知恵を紡ぎ直すこと、その上で自分たち一人一人がおかれた現実と進むべき未来について丹念に考えていくこと以外にはありません。

その営みは、単なる知識に終わらない深い思索へ、そしてよく生きるための哲学への旅でもあります。弊所が創設五十周年を迎えましたのを機に、ＰＨＰ新書を創刊し、この新たな旅を読者と共に歩んでいきたいと思っています。多くの読者の共感と支援を心よりお願いいたします。

一九九六年十月

ＰＨＰ研究所